고려대 명강사

최고위과정 17기

고려대학교 평생교육원 명강사 25시

고려대 명강사

최고위과정 17기

김유진, 김혜진, 남옥, 박준순, 서리아, 이명숙, 이재영,
장명옥, 최용종, 최인규, 홍왕기 지음

나비의 활주로

추천사

유석훈 고려대학교 평생교육원장

지난 수년간 우리를 억눌러왔던 팬데믹이 드디어 끝나고 우리는 드디어 정상생활로 돌아왔습니다. 이러한 복잡다난한 시기에 제17기 고려대명강사최고위과정을 무사히 마무리하게 되어 기쁨과 즐거움이 두 배입니다. 매 기수별로 강사님들의 옥고를 모아서 『명강사 25시』라는 귀한 저서를 출판해왔는데, 이번에도 예외 없이 저서를 출간한 것에 대해 심심한 축하의 말씀을 전합니다.

2023년 3월부터 시작하여 총 17주간 진행된 명강사최고위과정을 통하여, 모든 분들이 명강사에 상응하는 역량과 책임감 및 사명감을 지닌 고위급 지도자로 거듭 탄생하였습니다. 그런 만큼 본 과정을 수료한 분들은 강의의 본질과 기술을 이해하고 실전에서 실천하는 명강사의 이름에 어울리는 지도자로 인생을 한층 도약시켜 성숙도를 더했습니다.

이번 저서는 코로나 시대를 극복하며 사회 변화를 꿰뚫어 보려는 명강사들의 열정, 도전, 희망이 그 어느 때보다 진지하게 담겨 있습니다. 수많은 독자들이 다양한 삶 속에서 자신의 가치를 찾아내는 명강사의 자세와 독자들을 감동시킬 명강사의 요건을 이 책을 통해 제고할 수 있게 되기를 소망합니다. 다시 한 번, 『명강사 25시』 출간을 축하드리며, 더욱 성공하는 삶을 빛어나가시길 기대합니다.

2023. 7.

유석훈

발간사

김유진 고려대명강사최고위과정 17기 원우회장

"하늘 같은 꿈을 키우십시오."

2023년 3월 27일, 고려대명강사최고위과정 제17기가 서일정 대표강사님, 남정희, 조영순 운영강사님과 동기 원우님들로 첫 인연이 시작됐습니다.

세계적으로 유례가 없었던 코로나19 바이러스는 약 4년 정도 우리의 삶을 힘들게 했습니다. 그것은 우리들의 삶의 지형을 바꾸기에 충분한 일이었지요. 그런 긴 터널을 지나 팬데믹에서 엔데믹으로 전환될 때쯤 또 다른 삶을 갈구하는 모습으로 우리는 만났습니다.

삶의 중턱에서 또 다른 나를 찾아가려고, 인생 2막을 성공적으로 살기 위해 오신 우리의 만남이어서 더 좋았습니다. 각자의 삶에서는 치열한 경쟁의 구도에서 살아가지만 이곳에서는 배움과 공저라는 평안함으로 만나서 좋았습니다.

옷깃만 스쳐도 인연이라고 했던가요. 우리가 만나고, 공저를 하게 된 것은 우연이 아닌 필연인 듯싶습니다. 흔히 쓰는 "우연이 아니라 필연"이라는 의미는 어떤 사건이 필연적으로 일어난 것을 의미하기 때문이지요. 한 번도 책을 써보지 않은 우리 17기 한 사람 한 사람이 모여서 책을 썼습니다. 11명이 많은 노력과 준비로 책을 쓴 것은 진정 우연이 아닌, 피할 수 없는 '성공의 대가, 필연'인 것입니다.

인생이란 수많은 문을 통과하는 과정이라고 합니다. 사노라면 가끔 문이 닫혀서 열 수 없을 때도 있겠지만 실망하지 마십시오. 닫힌 문에서 주위를 돌아보면 또 다른 문이 열려 있을 것입니다. 소중한 우리 11분의 공저책이 닫힌 문을 열리게 하고 많은 분들에게 희망의 불씨가 되기를 바라봅니다.

책을 완성하기까지 함께 애써 주신 운영진과 조영순 공저지도교수님, 최인규 공저회장님과 공저위원장님, 원우님, 출간이라는 축포를 터트리게 되어서 감사한 마음입니다. 사는 대로 생각하지 않고, 생각하는 대로 살아가는 우리 17기가 되기를 응원합니다. 함께라서 행복합니다.

2023. 6. 28.

김유진

CONTENTS

PART 4

영원히 지지 않는 꽃

般松 박준순

PART 5

나는 '리더'지만 사실 '꼰대'가 아니었을까?

서리아

PART 6

지역농협은 오늘 또 무슨 일을 할까?

勤堂 이명숙

PART 7

Facebook을 통해서 내 무대를 세계로! | 이재영

PART 8

떠나자, 나를 위한 힐링여행 | 장명옥

PART 9

가치 있는 인생 2막, 더 나은 삶의 여정 | 최용종

PART 10

나는 대한민국 안전문화 대통령이다

최인규

PART 11

창경궁 명정전에서 영조대왕을 마주하다

홍왕기

PART 1

다온할머니
드론 교관 되다

白光 김유진

Mobile
010-7720-9633
Email
abc77209633@gmail.com

학력 및 경력사항

- 새한대사회복지학 학사, 소방학 학사
- 고려대명강사17기 총회장
- 자치분권대학 연구교육원
- 한반도평화통일협회 이사
- 재난대응봉사단
- 은평상공회 부회장
- 은평청소년육성회 감사
- 참여예산 부위원장
- 주민자치회분과위원장
- 분쟁자율조정가
- 자치분권활동가
- 라이온스 재무
- 다크는학교 대표
- 백광 대표

자격 사항

- 사회복지사
- 소방안전관리사
- 명강사명강의 1급
- 인성지도사 1급
- 아동심리상담사
- 뇌과학심리사
- 드론 자격증
- 스포츠마사지 자격증
- 경락 자격증

수상 경력

- 국회의원상(다수)
- 구청장상(다수)
- 청소년총재상
- 의장상 외(다수)
- 국제라이온스총재상
- 전국민화대전 장려상

저서

- 명강사 25시(공저)

01

당신은 어떤 꿈을 꾸고 있나요?

사람은 누구나 꿈을 꾼다. 어린아이부터 젊은 사람은 물론, 세월이 지나고 나이가 들어도 새로운 꿈과 희망을 지니기 마련이다. 한데 어떤 사람은 시간이 흐르며 꾸는 꿈은 더 이상 꿈이 아니라고 한다. 욕심이라고도 하고 그 계획과 소망이 지금 꼭 필요한지 무모하다며 되묻기도 한다. 하지만 나는 누구보다도 많은 꿈을 지녔고 그 꿈을 이루기 위해 하루하루 바쁘게 달리고 있다. 그래서일까. 이따금 지친 몸과 마음으로 집에 돌아오면 문득 내가 지금 누구를 위해 무엇을 하고 있는가 하는 생각이 들 때도 있다. 자신의 명예와 체면과 스스로에 대한 책임감 때문이었을까?

02

누구에게나 처음은 있다

삶에 대한 회의감이 느껴지던 시기였다. 그날도 어김없이 봉사활동을 하기 위해 참석한 자리에서였다. 평소 함께 활동하는 분 중에 경찰서장으로 재직 중인 이임걸 서장님께서 드론 교육을 받을 것을 제안하셨다. 드론이라면 4차 산업의 꽃이라 일컬으며 인공지능 챗봇AI chatbot, 빅데이터 등과 더불어 미래산업으로 주목받는 분야가 아닌가. 드론은 완구로도 관심이 있었지만, 놀잇감에서 벗어나 교육 현장에서 학생 진로 개척을 위한 청소년교육에 적용하면 좋겠다는 생각이 들었다. 드론으로 국가 자격증을 취득할 수 있다니 새삼 놀라웠다. 드론이 좀 더 활성화되기 위해서는 어느 정도의 시간이 필요하겠지만 확실한 미래산업임에 틀림이 없었다. 준비된 자만이 성공할 수 있고 그 중심에 내가 있으면 좋겠다는 생각이 들었다.

2022년 12월 추운 겨울이었다. 나는 동이 트기 전 어둠을 뚫고 북한

산 근처 비행장으로 달려갔다. 이른 새벽의 일상이 익숙지 않은 내게는 무척 힘이 들었다.

드론과 함께하는 시간은 또 다른 세계로의 여행이었다. 국가 자격증을 취득하기 위해서는 운전면허취득처럼 학과 시험과 비행시간 이수, 그리고 가장 주의를 기울여야 할 실기시험을 치러야 한다. 실제 본 드론은 지금까지 조종해 본 작은 완구형 드론과는 달랐다. 식탁만 한 커다란 크기에 어린아이 몸무게와 같은 25kg 중량의 작은 항공기와 다름없었다. 저 커다란 기계를 조종하려니 한편으로 겁도 났다. 하지만 왠지 모를 호기심과 도전정신이 나를 흥분시켰다. 시범 비행을 위해 서장님께서 시동을 거셨다. 붕 하는 힘찬 소리와 함께 드론이 떠올랐다. 그 모습이 너무 신기하고 "웅웅" 하는 소리와 함께 비행하는 모습에 나는 압도되었다.

조종기 적응 훈련이 끝나고 드론을 직접 운용하는 실제 비행 훈련이 시작되었다. 헬리콥터와 비슷하지만 꼬리 형태가 없이 6개의 프로펠러가 쉼 없이 돌아가며 비행하는 모습은 이색적이면서 신기하기만 했다. 서장님은 조종자 준수사항을 알려주시며 거듭 안전에 대해 강조하셨다. 드론의 프로펠러는 원심력 때문에 그 힘이 극대화되어 사고 발생 시 안구나 손가락 등 신체에 치명적인 손상을 가할 수 있다고 했다. 나는 정신을 바짝 차리고 떨리는 마음으로 상승 키 스로틀을 올려 보았다. 왠지 모를 떨림과 희열이 몸 전체에 번져 심장이 쿵쾅거리는 소리가 느껴지는 듯했다. 지금 내가 이 큰 드론의 비행을 조종하고 있다니 믿을 수가 없었다. 10분 남짓한 첫 비행을 마치니 긴장한 탓에 목과 어깨를 비롯한 온몸의 근육이 마비가 된 것처럼 경직되었다. 다리의 힘도 풀려 주저앉고 싶은 심정이었다.

드론을 조종하는 일은 생각보다 체력 소모가 크다. 자신과의 싸움에서 이겨내야만 한다. 내가 중간에 포기하지 않고 드론 조종 과정을 오롯이 진행할 수 있을지, 또한 옳은 선택지였는지 끝 모를 의구심마저 생기기 시작했다. 1주 차, 2주 차 비행 훈련이 지나면서 겨울 새벽녘 영하의 날씨도 지속되었다. 손과 발이 꽁꽁 얼어 하루하루가 힘들기만 한 교육 일정이었다. 드론 조종 특성상 실외 교육이 필수적이므로 추위에 지친 체력에 더해 마음마저 점점 지쳐만 갔다. '이 교육을 이수하고 자격을 취득하면 무얼 하나?' 드론을 배워 학교 교육으로 확장시켜 아이들의 성장과 진로에 직접적인 도움을 주고 싶었던 애초의 꿈마저 흔들리기 시작했다.

하루에도 몇 번씩 포기하고 싶었다. 비행 훈련과 더불어 나를 힘들게 하는 한 가지가 더 있었다. 드론 관련 항공 용어의 숙지와 비행 순서를 암기하는 일이었다. 실기시험은 드론을 조종하여 코스 주행을 하는 과정이다. 코스 주행에는 정해진 상황에 맞게 비행하면서 단계별로 입에 담아 외쳐야 할 구호 숙지가 필요하다. 낯선 항공 용어들은 외울 때마다 새로워 숙지하기도 어려웠다. 프로펠러나 모터처럼 그래도 실생활에 익숙한 단어는 괜찮았지만, F/C비행증명서, ESC전자식 주행 안정화 컨트롤, 모터베이스motor base, 자이로센서gyro sensor(지구의 회전과 관계없이 항상 처음에 설정한 방향을 유지하는 성질을 이용하여 물체의 방위 변화를 측정하는 센서. 비행기, 함정, 유도 무기, 차량 따위의 다양한 분야에서 사용된다.), (날개) 스키드skid(날개 끝에 붙어있는 활주부로 착륙할 때 날개 끝을 보호해 준다.) 등 낯선 용어들을 입으로 감독관 앞에서 외치고 질문 시 대답해야 하니 힘들 수밖에.

한편 항공학의 생소한 개념과 드론의 비행 원리 및 구조들을 배워나갔다. 알면 알수록 흥미도 높아져 더 많은 것들을 알고 싶은 욕심이 자신도 모르게 생겨나기 시작했다. 이 재미난 것을 다른 누군가에게도 알려주고 느끼게 하고 싶단 생각이 점점 더 커져만 갔다. 우선은 학과시험에 합격해야 실기시험을 볼 수 있다. 그렇기에 항공학이란 학과에도 집중하지 않을 수 없었다. 드론을 이해하고 관련된 항공법규를 공부하며 드론이 항공기란 사실을 새삼 다시 느꼈다. 최근 개정된 법규와 벌금, 조종 수칙에 대한 사항과 드론을 운용하며 알아야 할 지식은 적지 않았다. 자신의 한계를 느끼면서도 누구에게나 처음은 있고 시작이 있을 터, 모두가 똑같다, 나는 할 수 있다는 자세로 집중을 더하고 열심히 노력에 노력을 거듭하였다. 끝까지 가보자는 마음과 노력하다 보면 언젠가는 이루어지겠지 하는 희망의 메시지를 스스로에게 불어넣었다. 다섯 살 먹은 손자 다온이도 영어와 한글을 말하고 읽는데 나도 할 수 있지 않겠냐는 마음으로 계속하여 자신을 채찍질했다.

03

첫 합격의 기쁨

드디어 시험 당일, 오후 6시가 넘은 시간을 택하여 시험을 치렀다. 종이 시험지가 익숙한 나에게 컴퓨터로 보는 시험은 낯설기만 했다. 시험이 시작된 순간에도 나이 든 분들은 컴퓨터로 시험을 보는 방식이 괜찮을까, 앞으로의 세상은 얼마나 더 달라질까, 미래산업인 드론을 준비하는 내가 컴퓨터 시험을 다 걱정하고 있다니 자신이 드론과 어울리기는 한 걸까, 별의별 생각이 다 들었다. 주변에서 나이 많아 보이는 한 남자 응시생의 한숨 소리가 들렸다. 시험 방식이 낯선지, 시험이 어려운지 아직 시험 종료까지 많은 시간이 남았는데 그는 그만 나가버렸다.

나는 순간 추호도 마음의 동요를 일으키지 않으려 스스로 다잡았다. 끝까지 최선을 다해 시험에만 집중했다. 한 문제 한 문제 읽어가면서 비행 교육의 과정과 관련 서적을 통해 공부한 부분들을 떠올려 나갔다. 몇 번을 거듭 생각해야 하는 함정 유형도 많아 더욱 신중하게 문제를 풀어나갔다. 알쏭달쏭한 문제들도 끝까지 포기하지 않고 제출 전에 다시 한번 검토했다.

제출 즉시 결과를 알 수 있기에 '제출'을 클릭하는데 또다시 두근두근 심장 소리가 귓가에까지 들렸다. 90점, 우수한 점수와 '합격'이란 글자가 화면에 떴을 때 나는 그만 소리를 지르고 말았다. 합격의 기분을 느껴본 지가 실로 얼마 만인가. 날아갈 것만 같았다. 합격!! 이런 거였구나. 스스로를 향한 칭찬을 아끼지 않았다. '정말 잘했어.' 젊은 사람에게도 어려운 시험을, 그것도 높은 점수로 합격하다니 자신이 얼마나 대견한지 몰랐다. 나이 먹고 얼마 만에 느껴보는 합격의 감동인가. 춥게 느껴진 날씨가 어느덧 온데간데없이 따뜻함으로 가득해졌다. 마음이 행복해서 그럴까, 그간의 노력과 시간이 헛되지 않았다. 마음껏 활짝 웃었다. 가벼운 마음으로 전화를 걸어 남편에게 합격의 소식을 알렸다. 역시나 하며 한껏 추켜세우는 남편, 가장 가까운 이에게 인정받았다는 기분에 나는 더할 나위 없이 행복했다.

비행의 자유로움을 느끼는 시간

내일부터는 실기시험에 집중해야 한다. 겨울 새벽 나의 비행은 더 이상 춥지 않았다. 견디기 힘든 시작이 아니라 견디고 싶은, 그리하여 이겨내고 싶은 시간으로 자리하였다. 새삼스럽게도 사람 마음가짐에 따라서 이렇게 달라질 수 있다는 생각이 들게 하였다. 북한산 드론 교육장에 오면 마음이 편안하였다. 앞뒤로 이동하는 전, 후진 비행, 고도

를 높여 높게 날아오르다가 내려오는 삼각 비행, 동그랗게 돌며 비행하는 원주 비행 등 코스 주행을 20여 분 동안 비행하는 실기시험이었다. 한 손으로 고도를 조절하고 다른 한 손으로 방향을 조종해야 해서 동시에 두 손을 움직이며 끝없는 상황 판단으로 일관해야 했다. 바람이 불면 드론이 바람을 타고 밀려나기 때문에 비행할 때 특히 이런 상황을 고려하여 조종해야 한다.

그런 과정에서 짜릿했던 순간이 있었다. 바람이 불어 정해진 위치를 벗어난 드론을 다시 제자리로 오도록 조종했을 때의 쾌감은 정말로 컸다. 큰 덩치의 녀석이 내 말을 이렇게나 잘 듣다니 생명이 없는 드론이 꼭 애완동물처럼 느껴지기도 했었다.

드론 비행은 이제 더 이상 힘든 교육과정이 아니었다. 여러 봉사활동과 대외 활동으로 바쁜 나에게 시간을 틈타 비행하는 시간은 지친 몸과 마음에 휴식과 재충전의 시간으로 탈바꿈하였다. 아직 고요한 새벽, 우~웅 하며 돌아가는 모터와 프로펠러 소리를 듣고 있으면 왠지 모를 행복감에 사로잡힌다. 아, 내가 어느새 이 시간을 즐기고 있구나. 시간의 흐름 속에서 지식과 기능의 축적 속에서 비행의 즐거움을 알음알음 알아 가고 있는 터였다.

다른 이들과 함께 이러한 기쁨을 하루라도 빨리 공유하고 싶었다. 넓은 하늘을 새처럼 훨훨 나는 그 자유로움을 자라나는 아이들에게도 소개하고 싶었다. 이렇게 행복한 비행을 통해 새로운 세계를 향해 나아가면 좋지 않겠냐 생각했다. 평소 청소년교육에 관심이 많은 나는 드론 교육을 통하여 개인의 관심과 잠재 역량을 깨닫고 발견할 수 있도록 일익을 담당하고 싶었다. 처음 드론을 배운 목적이기도 했다. 내 꿈의 실현을 앞당겨야겠다는 집념으로 그날그날의 교육 훈련에 매진하면서 실기시험을 기다리고 있었다. 비행 이수 시간인 20시간을 완료하면서, 집중 훈련 기간의 과정을 소화하면서.

비행 시험,
드론 교육의 마지막 관문

시험장은 경기도 화성이었다. 시험은 오전 8시지만 시험평가 감독과 오리엔테이션도 해야 하고 점검 비행도 해야 해서 교관은 새벽 5시 출발을 언급했다. 드론 조종자는 아침을 여는 사람이구나, 유종의 미를 거둘 수 있도록 끝까지 성실함으로 임해야 한다, 노력과 인내와 빠른 판단력에 더해 성실함까지 갖춰야겠다며 재삼재사 마음을 다잡고 있었다.

새벽 4시, 남편의 차를 타고 시험장으로 향했다. 이른 시간, 한마디 불평불만 없이 내가 어떠한 결정을 하든 묵묵하게 지원해주는 남편에게 더한 고마움을 느꼈다. 늘 곁에서 나를 지지해주는 사람, 그런 사람이 있다는 것에 새삼 감사의 마음을 느끼며 나는 여전히 행복한 사람이라는 생각이 마음 한편에 자리하였다. 동이 트는 새벽, 바다 위로 떠 있는 송전탑을 바라보며 긴장된 마음으로 도착한 화성 시험장은 넓은 부지에 6개의 큰 비행장이 있는 멋진 곳이었다.

내가 연습 비행한 장소와는 다른 웅장함과 제대로 갖추어진 깨끗한 시설에 매료되었고 나는 이곳에서도 더욱 멋진 비행을 하고 싶은 욕심이 생겼다. 한데 시설은 더할 나위 없었지만 탁 트인 지역적 특징 때문에 아홉 시가 지나면서 서서히 바람이 많아지기 시작했다. 바람의 세기 정도는 풍향풍속계로 알 수 있는데 5m/s에 가까운 바람이 불어 애를 먹었다. 기온이 낮아지면 배터리나 드론의 효율성도 떨어지기 때문에 드론에 핫팩을 올려놓고 시험에 대비했다. 추운 겨울 시험을 보는 나는 누군가에게 추천한다면 겨울은 꼭 피하라고 말하고 싶다. 드론을 추천해주신 분께서 응원 차 직접 오셔서 격려해 주셨다. 1시간 30분 남짓한 거리지만 평소 물류 차량 통행량이 많아 길이 밀리고 험한 구간이 있어서 그냥 오갈 수 있는 거리가 아니란 생각에서 그분의 진정성이 더욱 느껴졌다. 긴장된 마음이 다소 의지가 되어 어느덧 마음이 안정되었다.

이제 점검 비행 시작

운용할 드론이 정상 작동하는지 사전 점검할 시간이다. 무난한 점검이 이루어졌고, 점검이 끝나 주변을 돌아보니 많은 사람이 눈에 들었다. 각지의 수많은 수험생이 자격증 취득을 위해 이곳 시험장에 운집한 광경을 보니 역시나 드론은 미래의 성장 동력이란 확신이 더욱 확고해졌다. 오리엔테이션이 시작되고, 세 명의 평가관 중 배정된 시험

감독관이 시험번호와 함께 나를 호명했다. 주의사항 고지와 함께 평가관마다 중요하게 여기는 점들을 고지하고 시험이 시작되었다. 나는 4번째 순서였다.

운용하는 기체를 착륙장에 가져다 두고 비행 전 점검 순서와 조종기와 드론의 전원을 켠 후, 시동을 걸었다. 그런데 어떻게 된 일인지 드론이 반응하지 않았다. 분명 점검 비행 땐 정상으로 작동되었는데, 어떻게 된 일일까. 다리가 후들거리고 심장이 쿵쾅거렸다. 눈앞이 캄캄해졌다.

추운 날 힘들게 비행에 몰두했던 그동안의 시간과 쉽지만은 않았던 이론 공부에 애쓰던 순간들이 시험도 치러보지 못하고 날아가는 게 아닌지 형언할 수 없는 불안감이 엄습했다. 애써 마음을 다잡고 심호흡했다. 여기서 무너지면 절대 안 된다는 생각뿐이었다. 평가관님께 운용할 드론이 전파 방해나 페어링 오작동으로 이상이 생긴 것 같다고 했더니 다행히도 그는 아직 비행 전이니 드론을 교체해도 된다고 했다. 다시 한번 숨을 크게 내쉬고 비행을 시작했다. 상승 키 스로틀을 올려 드론을 상승시키고 전진키를 넣어 전방으로 향했다. 비행장 끝에 보이는 도착 지점 라바콘이 유독 멀게만 느껴졌다. 전진 비행이 끝나고 후진 비행으로 드론을 이동시켰다.

큰 실수 없이 첫 번째 코스가 끝이 났다. 한쪽 끝에서 고도를 올려 삼각 비행을 시작했다. 삼각 비행은 내가 자신 있는 비행코스였다. 높은 고도로 올라가는 드론을 보며 조금 긴장이 완화되었다. 차분하게 하자. 손도 마음도 긴장이 풀리고 집중력이 배가되었다. 다음은 동그란

원을 그리며 비행하는 원주 비행이었다.

비행 중 가장 많이 연습했던 코스이다. 동그랗게 고도와 허용 범위를 넘어서지 않게 유지하며 곡선을 그리는 원주 비행은 보기에는 드론이 춤을 추는 듯 아름답지만, 양손과 머리는 쉼 없이 생각하고 움직여야 한다. 원이 말리면 안 된다는 생각으로 조종했다. 살짝 찌그러진 원을 그리며 비행하는 순간 강풍이 불었다. 애써 맞춰 둔 곳의 드론이 부~웅 하며 밀려났다. 손가락이 파르르 떨렸다. 두 번째 고비였다. 정신이 허물어지면 안 된다. 떨리는 손으로 열심히 조종키를 움직였다. 바람이 세차기로 정평이 난 시험장인데 아니나 다를까. 강풍에 대비한 비행 연습도 심혈을 기울였는데 시험 날이라 그런지 수정 비행이 쉽지 않았다, 찌그러진 동그라미를 그리며 원주 비행이 끝이 났다. 남은 코스 비행은 비교적 무난히 진행했고 착륙장에서 벗어나지 않게 마무리 착륙하려 했는데 조금 벗어난 건 아닌지 긴가민가했다.

드론이 착륙할 때 지면효과란 것이 일어난다. 지면효과란 항공기가 뜰 때 발생하는 양력의 힘이 순간 증가하여 조종하는 곳에서 빗겨나간다. 그래서 착륙지점 포인트에 맞게 드론을 착륙시켜야 하는데 이 점 역시 쉽지 않았다. 애써 코스 비행을 잘 끝내도 착륙장을 이탈하면 바로 탈락인 게다. 항공기는 무엇보다도 안전을 우선하기 때문에 착륙이 비행보다도 중요하다고 했던 교관님 말씀이 떠올랐다. 비행에 집중하느라 드론 착륙 위치를 평상시처럼 판단하기가 어려웠다. 비행이 끝나고 구술시험을 보기 위해 평가 부스로 돌아왔다. 총 6개의 질문에 성심성의껏 답했다. 때로 긴장한 탓에 익히 알고 있던 질문도 버벅거렸지만, 매회 질문마다 성실하게 답변하는 나의 모습이 무척 인상 깊었다고 평가관님께서 말씀해주셨다.

시험이 끝나니 허탈하기 그지없었다

시험장 밖으로 돌아와 사고가 나지 않은 것만으로 감사한 생각이 들었다. 고가인 드론을 시험장에서 충돌이나 착륙 사고로 파손되는 경우가 종종 있다고 했다. 인명피해가 발생하기도 하지만 암튼 무사히 끝냈으니 잘한 것이다, 결과는 하늘에 맡기자는 생각이 들었다. 머리가 하얘지고 멍해져 정신이 흐릿해지는 것 같았다. 긴장이 풀려서 그런 것일까?

함께 고생한 분들과 시험을 본 응시생들, 그리고 아낌없는 응원과 갈채를 보내준 서장님 등 여럿이 식사를 하기 위해 근처 맛집으로 향했다. 나를 위해 여기까지 애써 찾아온 사람들이다. 식사 한 끼 잘 대접해야겠다는 생각에 흐릿한 정신을 잡고 식객 허영만 선생님이 다녀갔다는 유명 식당으로 향했다. 고생했으니 위로주라며 옆에서 막걸리 한잔을 권했다. 밝은 낮에 술이라니 평소라면 먹지 않았겠지만 오늘은 마시고 싶었다. 시원 달큰한 막걸리 한 잔이 적지 않은 위로가 되었다.

아쉬운 결과지만 다시 도전하리라

예기치 못한 드론의 교체와 강풍이 계속해서 마음에 걸렸다. 그동안 애써 준 남편에게도 미안하고 열심히 지도해준 교관님께도 죄송한 마음이 들었다. 오후 6시 합격자 발표가 있기에 나는 잠들지도 못했다. 러시아워로 통행량이 많아 차는 더디게만 움직였다. 참아왔던 눈물이 왈칵 터져 버렸다. 시험이 끝난 시원함도 잠시, 진한 미련과 아쉬움이 끊임없이 맴돌았기 때문이었다. 평소 잘 작동하던 드론이 하필 그 순간 왜 그랬을까. 괜하게 생명체도 아닌 드론이 원망스러웠다.

오후 6시가 왜 이리 더디게만 오는 것일까. 부처님, 예수님, 조상님, 평가관님을 부르며 나도 모르게 끊임없이 기도하고 또 기도했다. 겨우내 고생했던 순간들을 뒤로하고 하루라도 빨리 자격증을 취득하여 다른 이들에게 교육하고 싶다는 열망이 커져만 갔는데, 결과는 불합격. 평가지를 보니 원주 비행에서 감점이 있었다. 모든 코스에 만점을 받아야 합격인데 아쉽기만 했다. 강풍, 그 강풍이 너무 야속했다. 아니다, 이것도 실력이다. 마음을 다잡고 다시 도전해야 하리라. 그래도 어렵게 생각했던 구술시험은 만점이었다. 심사관의 칭찬이 괜한 것이 아니었음을 확인하니 그나마 적지 않은 위로가 되었다. 시험이 끝났지만 쉽게 잠이 오지 않았다. 결코 잊을 수 없는 날이었다.

05

희망을 주기 위해 나는 비행을 한다

다음 날, 비행시간 100시간, 누군가를 가르치는 지도조종자 과정을 바로 등록했다. 2차 시험을 준비하며 내가 꿈꾸던 교육 목표에 더욱 가까워지리라 다시 한번 결심했다. 교육이란 누군가에게 지식을 전하는 단순함이 아니다. 관련 지식을 바탕으로 누군가의 인생을 바꿀 수도 있다. 그러니 아무런 노력도, 열정도, 실패도 겪어보지 않으면 안 될 일이다. 누군가에게 새로운 것을 익히고 전수하는 보람과 그에게 성취감을 안겨줘야 할 책임이 주어지는 일이다.

학교 교과를 만족스럽게 해내는 아이도 있지만 그러지 못한 아이들도 있다. 후자의 아이들은 스스로가 공부 못하는 실패자라 느낄 수 있고 아이들의 부모 역시 같은 생각을 할 수 있을 것이다. 하지만 아이들은 실패자가 아니지 않은가. 자신들이 잘하는 것을 아직 발견할 수 없었거나 찾아내지 못했을 뿐이다. 번데기 속 나비 같은 존재, 그런 아이

들을 감싸주고 싶은 것이다. 남과는 다른 환경에서 아직은 자신의 장점과 특성을 찾지 못해 헤매고 있는 아이들에게 희망을 주고 싶은 것이다.

언젠가 우울증에 시달리다가 극단적 선택을 시도한 아이를 만난 적이 있다. 집안도 부유하고 남부럽지 않은 외모를 가졌지만, 한 가지 공부를 못한다는 강박관념에 자신을 짓누르고 있던 아이였다. 자신은 아무 쓸모가 없는, 오로지 밥만 축내는 송충이라고까지 여기고 있던 그였다. 얼마나 힘들고 괴로웠으면 극단적 선택을 하려고 했을까? 소년에게 어느 날 문득 나비 한 마리가 눈에 들어왔다. 소년은 무작정 나비 농장에 와 등록을 했다. 소년은 나비를 잡기 위해 매일매일 학교가 끝나자마자 농장으로 달려왔다. 하늘도 감동했는지 나비 한 마리를 잡을 수 있는 기회를 주었다. 합격과 함께 자격증이 부여됐다. 소년은 할 수 있다는 자신감이 생겨 공부도 잘하고 학교생활에도 잘 적응한다는 소식이었다.

겨울이 지나고 봄이 왔다

초록의 싹이 돋고 길가에는 진달래, 개나리와 새하얀 벚꽃이 가득 피었다. 저 예쁜 꽃처럼 피어나고 싶다. 지난겨울 온갖 열악함을 이기고 비행에 몰두하던 나도 차가운 땅을 뚫고 피어난 저 새싹처럼 돋아나고 싶다. 꽃은 사랑이다. 보는 것만으로도 몸과 영혼을 치유하는 마법을 지닌다. 나도 드론이란 매개체를 통해 누군가에게 꽃 같은 사람으로 다가서고 싶다. 그리하여 나를 찾은 나비들이 더 훨훨 날았으면 좋겠다. 비행하며 느꼈던 자유로움과 새로운 경험에 행복했던 순간들을 다른 많은 사람과 공유하고 싶다. 그것은 마치 번데기에서 벗어난 자유로운 영혼의 나비가 되도록 해주는 일과 같을 것이다.

지루했던 코로나가 수그러들었다. 요리조리 하늘을 나는 나비처럼, 바라만 봐도 행복해지는 꽃처럼 오늘도 나는 많은 이에게 희망을 안겨야겠다는 소망으로 가득하다. 그래서 나는 비행을 한다. 드론은 날개가 되고, 나는 하늘을 날고, 오늘과 내일, 희망과 미래를 향해 힘찬 나래를 펴는 것이다.

PART 2

삶의 길
위에서

김혜진

Mobile
010-5899-7981
Email
gukak2017@naver.com

학력 및 경력사항

- 타악 전문 국악인, 고구려당취 소리 이수자, 법고 이수자
- 현) 사단법인 전통국악예술교육협회 대표
- 현) 鼓聲 공연단 단장
- 현) 휴댄스컴퍼니 감독
- 전) 고구려국악원 대표
- 전) 한세대학교 미래교육원 타악과 지도교수
- 전) 연세대학교 평생교육원 국악. 타악 강사
- 전) 한국국악문화예술교육협회 심사위원 및 강사
- 전) 고려대 명강사 최고위과정 17기 윤리위원장
- 공연 다수

강의 분야

- 오고무, 법고, 승무 북, 염불 북, 고구려 북

자격 사항

- 고구려당취 소리 이수자
- 법고 이수자
- 국악난타지도사 최고지도자
- 국악지도사 최고지도자
- 특수난타지도사 최고지도자
- 아동실버난타지도사 최고지도자

저서

- 명강사 25시(공저)

01

세상의 많은 타인의 길

세상이 환하게 떠오르는 어떤 이른 아침, 나는 걷고 있다. 한 발 두 발 걸어가는 나의 출근길, 서먹한 새벽 공기 사이로 오늘도 낯선 사람들이 차갑게 내 곁을 지나친다. 꼭 싫지만은 않은 저들의 차가운 걸음의 도착지는 아마도 나처럼 직장을 향하리라. 그 직장이 어느 순간만큼은 그들의 꿈과 닿아 있었으면, 혹은 닮아 있었으면 하는 마음으로 이글을 시작해본다.

지금 생각해보면, 오늘 나를 스쳐 지나간 사람들 중 누구 하나도 완벽히 같은 길을 걷지는 않은 듯했다. 서로 같은 듯 다른 방향 속에서, 서로 같은 듯 다른 보폭 속에서 나는 하릴없게도 지금 문득 그들의 직업이 뭘까 궁금하다. 그리고 이 작은 궁금증에서 더 나아가 우리나라 직업의 개수는 과연 몇 개나 될까 하는 생각으로까지 미치게 되었고, 나는 주저 없이 내 손안의 신비한 세상, 스마트폰을 열어 정중히 한번

물어보았다.

한국고용정보원에 따르면 우리나라에 등재된 직업은 총 16,891개라고 한다. 세부적으로 보면 본 직업 외 관련 직업 및 유사 명칭의 직업들까지 포함된 숫자이지만, 그럼에도 불구하고 직업의 수는 상상하지 못할 정도로 정말 많고도 많았다.

내 유년 시절의 신기하기만 했던 컴퓨터와 그 속의 하이텔, 천리안, 나우누리 인터넷 등의 만남을 이끌어 주었던 제3의 물결을 뒤로하고, Industry 4.0이라는 또 새로운 패러다임의 시대 속에서 세상은 또 새롭게 내게 다가와 있다. 이름만으로도 생소한 빅데이터 전문가, 드론 조종사 등 여러 새로운 직업들을 쉼 없이 바쁘게도 우리 사회는 빚어내고 있다. 하지만 내 주변의 대학 입시를 준비 중인 제자들, 학생들 또 나의 조카들을 바라볼 때면, 그들은 내가 오늘 새벽 출근길에서 만난 수많은 덩, 덕, 쿵 발자국처럼 이리저리 차갑게 방황한다. 그리고 그들의 방황하는 모습과 아파하는 고민의 시간을 곁에서 지켜볼 때, 어느 순간 나도 함께 멈춰 서게 되고 고민하게 되기도 한다.

이렇듯 현대사회 많은 나의 친구와 동생과 이웃들은 자신이 무엇을 해야 하고 어떤 삶을 살아야 하는지, 꼭 멋진 정답은 아니어도 꽤 괜찮은 자신만의 해답도 내리지 못한 채 막막한 어려움을 호소하며 파도처럼 세상에서 밀려가고 있다. 마치 어제의 내가 그랬던 것처럼.

"삐뽀삐뽀!!(사이렌 소리)", "김 선생님! TA 환자요! 바이탈사인! B.P Blood pressure, 혈압 100/60!, H.R Heart Rate, 맥박 63, B.T Body temperature,

체온 35.5, RR Respiration, 호흡 15입니다! O.S Orthopadic surgery, 정형외과 원장님 콜하고 O.P Opertation, 수술 준비하세요."

1998년의 태평했던 여고생 김혜진에게도 조용히 바쁜 파도가 밀려왔다. 그해 고등학교 3학년 반장이었던 나는 학교 선생님들의 만류에도 불구하고 대학 입시를 포기했다. 그리고 간호조무사의 직업을 가지기로 마음먹었다. 이유는 나만큼이나 단순했다. 마음 맞는 그 시절 나의 단짝 친구와 함께할 수 있어서였다. 마음이 선했던 나의 친구는 위급한 어려움에 처한 사람들과 우리 주변의 아픈 환자들을 도울 수 있는 간호조무사를 자신의 진로로 정하여 내게 자랑스럽게 종종 이야기해주곤 하였다. 자신의 꿈을 당당히 이야기하는 그 친구를 보며 언젠가 나도 내 꿈은 과연 무엇일까 생각하곤 했지만 아무런 해답도, 어떤 정답 비슷한 이야기도 써볼 수 없었다. 학창시절의 나는 하고 싶은 것은 많았던 것 같은데 실상 구체화하기에는 모호한 이야기들뿐이었다. 그 시절의 나는 진지하게 자신의 삶을 고민하기보다는 그저 노는 것이 즐겁기만 했던, 아직은 어리고 철없는 여고생이었다.

친구 따라 시작한 간호조무사의 길은 내게는 힘들고 다급함과 어려움의 연속이었다. 현행 의료법에 따른 간호조무사의 업무는 간호사를 보조하여 간호 업무를 수행하는 것과 의사 진료행위의 보조 수행이 주된 것이지만, 개인 의원급에서는 간호사 배치가 낮은 현실 상황 때문에 의사 지도하에서 간호 보조 및 진료 보조 업무도 수행하였다.

그렇게 좌충우돌 간호조무사로서 6개월의 시간을 보내면서 업무와

전문성의 한계를 느끼게 되었던 나는 이왕 하는 것 제대로 해 보자는 마음으로 용감하게 간호학과 진학을 결심하게 되었다. 간호학과에 진학 후 훌륭한 교수님과 좋은 동기, 꽤 괜찮았던 선후배들의 인연들 속에서 대학 생활을 즐겁게 보낸 뒤 본격적으로 간호사의 길로 들어섰다.

간호사로서 내가 처음 들어간 곳은 정형외과 전문병원이었다. 단순한 타박상부터 여러 종류의 골절 환자, 교통사고를 당한 응급했던 중환자 등 내가 무심히 걷고 있는 시간 속에서도 많은 사람이 여러 가지의 안타까운 이유와 돌발적인 불행을 만나서 다치고 아파한다는 것을 느꼈던 시절이었다.

첫 병원에서의 나는 업무에 늘 서툴고 미숙했고, 시간이 지날수록 마음은 힘들고 어려워졌다. 억지로 참아가며 병원에서 쉼 없는 주·야간의 업무를 해나가니 구급차, 경찰차, 소방차, 견인차 등의 사이렌 소리만 들어도 어떤 차가 와있는지 알 수 있을 만큼 점점 병원 생활도 익숙해졌다. 하지만 매일 외상으로 아파하는 환자들과 하루하루를 지내면서, 매일 듣는 환자들의 고통의 비명과 보호자의 슬픔의 눈빛들이 어느 사이에 순간순간 나의 고통과 아픔으로 다가오기 시작했다.

그동안 환자의 고통과 슬픈 감정에 전이되지 않고 업무를 해왔다고 생각했지만 아니었다. 어느 땐가부터 잠을 자기 위해 침상에 누우면 머릿속은 수술실의 긴박한 기계음, 응급실의 아찔한 비명, 병실 앞 보호자들의 서러운 울음소리로 가득 메워졌다.

간호사가 되어 친구와 함께 환자를 돕고 보호자를 위로하는 일은 참 보람된 일이었지만, 환자들과 그 가족들의 아픔과 슬픔 그리고 그들의 다급한 감정을 매일 공유하며 내 마음을 온전히 제어하는 것은 매우 어려웠다. 선배들의 따뜻한 조언 속에서도 나는 쉽게 괜찮아지지 않았다.

그때 문득 이 직업은 내게 맞지 않을 수도 있다는 것을, 막연히 친구의 꿈을 좇아온 이 직업이 나의 길이 아닐 수 있다는 것을 따갑게 자각하기 시작했다.

02

정말 낯설었던 나의 길

어느 바람 좋은 날 아침, 나는 훌쩍 산으로 떠나 출가를 했다.

이른 새벽 4시, 기상하여 도량석(사찰의 하루를 시작하는 염불)을 하며 많은 생각을 한다. 출가 후 온전히 나만의 시간을 가질 수 있었던 순간은 하루 중 유일하게 사찰을 돌며 도량석을 할 때였다. 간호사로서 야간 근무를 할 때 새벽 4시가 가장 졸릴 때였는데 이 시간에 하루를 시작한다니 하루를 정말 길게 쓸 수 있을 것 같았다. 항상 부족한 잠에 고되었던 나의 삶은 180도 달라졌다.

새벽 4시에 기상하여 부처님 전에 예불(기도)을 올리고 아침 공양(식사)을 준비하고 식사 뒷정리를 한다. 오전에는 사찰 허드렛일을 하고 또 사시예불(10시)을 올리고 점심 공양을 준비하고 설거지를 하고, 오후에는 경전 공부를 하고 밀렸던 잡일과 저녁 공양 준비를 하고 설거지를 하고 또 저녁 예불을 하고, 지친 몸을 이끌고 잠자리에 들고 다음

날 다시 새벽 4시. 반복 또 반복되는 출가 수행자의 삶이었다. 아니 정확하게는 출가 후 초심자인 행자님들의 삶이었다.

아픈 사람들 속에서 나도 모르게 지치고 아파가던 삶에서 벗어나 세상의 고통과 저만치 떨어져 있는 것만 같던 출가자가 되어야겠다는 생각을 가지고, 어린 시절 내게 북을 알려주신 인연이 있던 울진의 한 스님의 소개로 한 사찰을 찾아갔다.

그곳에서 아무것도 하지 않고 일주일이란 시간을 보냈다. 아니 그 절의 스님은 나에게 어떤 것도 시키지 않으시고 그렇게 나를 조심스럽게 방치했다. 특별히 아무것도 하지 않으니 나는 가만히 앉아 홀로 생각하고 또 생각했다. '내가 왜 스님이 된다고 했을까?', '정말 스님이 되어도 될까?', '머리는 꼭 밀어야 하나?' 이런저런 생각으로 하루하루를 보내고 일주일이 지나자, 그곳의 스님께서 내게 정말 출가하겠냐고 따뜻하면서도 무겁게 물음을 던지셨다.

나의 결심은 바뀌지 않았고 그날 저녁 스님의 안내로 법당에서 설마 이렇게 다 시킬까 하며 삼천 번의 절을 하게 되었다. 어린 시절 부모님을 따라 가끔 사찰에 가도 절이라고는 해 본 적이 없던 나에게는 커다란 인내와 고행의 순간이었다. 한 배, 한 배 절을 하며 땀이 쏟아졌고 다리의 감각은 흐려져 갔다. '이것을 왜 하고 있을까?', '여기서 그만할까?'라는 생각과 지금까지 살아온 수많은 기억이 불쑥불쑥 올라왔다. 그렇게 밤새 나는 내 삶을 거꾸로 쳐다보며 절을 해나갔다. 3,000이라는 숫자에 이르자 나도 모르게 눈물이 왈칵 쏟아졌다. 그렇게 다음 날

아침 저 멀리서 쑥스러운 태양이 주뼛주뼛 보이기 시작할 때쯤, 제법 긴 시간을 나와 함께했던 길고 검은 머리카락들이 스님의 손을 통해 하염없이 바닥에 툭툭 떨어져 나갔다.

지금도 그러하지만, 그때의 나는 부처도 불교도 잘은 몰랐다. 하지만 어릴 적부터 부모님을 따라 가끔 절에 가면 절로 마음이 편안해지긴 했었다. '절로 마음이 편안해져서 절이라고 하는 걸까?', '스님들은 무엇 때문에 사찰에서 수행하며 저렇게 힘든 생활을 할까?'라는 생각을 했었는데 막상 직접 살아보니 스님들의 삶도 다를 게 없었다.

주어진 삶 속에서 주어진 일을 하며 자기 행복을 추구하는 모습. 물론 스님들이 느끼시는 행복은 달랐던 것 같다.

팔만대장경 장경각 연꽃

물질적인 소유가 아닌 마음의 안정과 타인을 본인과 다르지 않게 봄으로 타인에게 스스럼 없이 손을 내밀던 그들이 삶은 참으로 존경할만해 보였다.

과학 기술과 인류의 문명이 이렇게나 발달한 오늘의 사회에서는 많은 사람이 종교의 필요성에 관한 질문을 던지곤 한다. 그때의 내가 몸담았던 사찰 기억해보면, 서울 도심 속에 있었고, 주변의 마을 주민들이 자주 찾아왔다. 자식과 남편 등의 가족 걱정, 건강, 재산, 진로 문제 등 다양한 이야기를 토로하던 사람들과 한적히 앉아 스님들은 법담을 나누며 그들의 애환과 걱정을 바로 바라보게 해주었고 때로는 기도를 함께하며 그들의 고민과 걱정을 내려놓게 하였다.

종교의 역할은 개인의 삶을 돌아볼 수 있는 시간과 공간을 마련해주고 스스로 이겨낼 수 있도록 힘을 주는 것 같다. 어디로 가야 할지 모르는 사막과 같은 막막한 삶 속에서 시원한 물 한 모금을 전해주고 이 길을 따라가라고 안내해주는 고마운 역할을 하고 계셨던 것 같다. 사찰에서 생활하며 많은 이들의 아픔을 보게 되었다.

병원에서는 사람들의 몸의 아픔을 보았다면 사찰에서는 사람들이 가지고 살아가는 또 다른 마음의 아픔을 절감하며 그 어떤 곳도 고통 없이 행복만으로 가득하지는 않다는 것을 희미하게 조금씩 배워갔다. 외상의 아픔도 내면의 아픔도 그것을 고통으로 느끼며 괴로워하는 것들은 모두 어쩌면 내 마음에서부터 출발한 것일지도 모른다는 생각과 함께 나의 스님 생활도 그렇게 익어갔다.

깜깜하기만 했던 나의 밤하늘 속에서 밝게 빛나는 별을 찾았고 그 빛을 바라보며 서툴지만 한 걸음 한 걸음 나아갔다. 그렇게 몇 년의 세월이 바다처럼 흘러갔다.

03

새로운 길

두둥! 두둥! 두둥! 덩! 더덩! 더덩! … 공연장을 가득 메운 북소리는 이윽고 관객의 환호와 박수로 바뀌었다. 공연을 마치고 로비로 나오는 나를 에워싸는 관객들과 카메라의 번쩍이는 플래시는 매번 느끼지만, 쉽게 적응하기가 힘들다.

처음 내가 북을 접했던 것은 간호사의 길을 가기 전 울진의 큰스님을 만나면서였다. 처음 본 그분의 느낌은 '장사가 있다면 저렇겠구나.' 싶었다. 키는 190cm에 손은 주먹을 쥐었을 때 내 얼굴만 하였다. 외모는 흡사 호랑이라고 할 정도의 강렬한 인상이었는데 범상치 않은 모습과는 다르게 목소리는 꾀꼬리와 같고, 손짓 하나 발짓 하나 몸짓 하나는 그 어떤 무용수보다 현란하면서도 우아했다.

수원에서 경북 울진을 가려면 버스를 타고 8시간, 차를 타면 6시간이 걸리는 거리에서 나의 큰스님은 작은 암자를 짓고 수행 정진하고 계셨다. 마을 어귀에서 암자로 향하는 길은 험하기도 하였지만, 인적이 드물어 가로등이 없었고 해가 지면 칠흑처럼 어두워 바로 앞도 볼 수 없었다. 이런 곳을 어떻게 알고 찾아오는지 KBS, 조선일보, 동아일보 등 각종 언론사며 우리나라에서 내로라하는 소리꾼, 춤꾼 그리고 문화부 장관까지 종종 찾아왔었다. 오직 큰스님의 소리와 춤, 그리고 북 연주를 보기 위해서였던 게 아닐까. 어린 나이에 부모님을 따라가서 스님을 마주했을 때는 정말 대단하다는 생각뿐이었다.

하지만 불교도 절도 크게 관심 없던 내가 어느 날 부모님 따라 그 암자에 갔다가 집으로 돌아가려던 찰나, 스님은 나를 불러 세우며 한마디 하셨다. "북을 칠 운명이니 북 배우고 싶거든 언제든 오너라." 그때 나는 북에는 관심조차 없었다. 그 깜깜하던 산골에서 어서 빨리 나가고 싶은 마음뿐이었다. 하지만 부모님의 인연으로 간간이 암자에 들러 스님의 북소리에 나도 모르게 점점 빠져들었다. 북의 소리는 참으로 묘하다. 여타 악기와는 다르게 음률이 정해진 것도 아닌데 누가 어떻게 두드리느냐 따라 소리가 다르게 들린다. 그것을 배우는 데 정말 어려웠다. 단순히 두드리는 것이 아닌 손에 힘을 빼거나 주고, 팔 동작을 어떻게 하고 등 작은 차이로 소리가 확연히 달라지니 그것들을 모두 익히는 데 많은 시간이 필요했다.

특히 배우고자 마음을 먹고 울진으로 내려갔지만 스님의 교육 방식은 나를 정말 더 힘들게 했다. 악기를 알려주면 음계 이름을 알려주고 코드를 알려주는 게 일반적인데, 북은 그런 정해짐이 없이 다루는 것이었다. 정해짐 없이 사람에 따라 소리가 다른 북에 매력을 느끼며 빠져들어 출가 전부터 울진에서 묵묵히 북을 배우게 되었다.

출가 후 밤하늘의 별을 따라 걸어가던 순간에도 놓지 않고 있던 북은 나에게 푸른 들판의 바람 소리였다. 스님으로서 몇 년의 시간을 보낸 뒤, 세상으로 다시 나온 후에도 이런 북소리에 이끌려 계속 함께 걸게 되었다. 이렇게 함께 걷다 보니 내 걸음의 발자국에 어느새 전통국악예술교육협회 김혜진 대표라는 직함이 찍혀 있게 되었다.

04

정답이 없는 길

현재 나는 내 삶의 새로운 정답을 만들어간다.

전통국예술교육협회의 대표로서 법고, 고구려 북, 승무 북, 오고무, 전통 북, 염불 북 등 다양한 타악기를 많은 제자에게 전수하고 있다. 무심히 따뜻했던 북의 소리에 매료되어 북 연주자가 되었고, 그 소리가 귀해 다른 이들에게도 전해주고 싶은 마음에 북을 가르치는 선생님으로 활동하다 보니 어느새 직접 협회를 설립하고, 이제는 제법 많은 사람과 함께 활동하고 공연도 하고 있다.

나와 같이 북소리를 듣고 찾아오는 이들은 참 많았다. 은퇴 후 그냥 취미로 찾아온 하나, 산후우울증으로 힘들어 오신 둘, 어느 시절은 국악 전공자였지만 결혼으로 인해 꿈을 포기했던 셋 등 수많은 하나, 둘, 셋이 전국 각지에서 모여들어 협회의 회원으로 활동 중이다.

'어떤 길을 걷는 것이 옳은 길일까?' 예전에는 이런 고민을 했었지만,

지금은 그런 생각을 하지 않는다. 세상을 살아가는 데 완벽한 정답은 없었고, 순간순간 또 시절마다 주어진 환경과 인연들 속에서 정성껏 나만의 해답을 그려나가는 것이 나의 삶이고 길이었다.

협회를 설립하게 된 계기는 2016년 한 무대를 꾸미면서였다. 여러 학원과 학교, 공공기관 등으로 출강할 때 만났던 회원들이 '자신들도 무대에 한번 서 보는 게 꿈이다.'라는 이야기를 종종 했었고, 나도 그들의 마음이 귀해 '꼭 무대를 마련해드려야지.' 하고 마음먹고 있었다.

그러던 어느 날 약 500석 규모의 공연장을 대관할 수 있다는 정보를 알게 되었다. 무턱대고 대관 신청을 하게 되었는데 '천 리 길도 한 걸음부터'라고 했던가? 말 한마디로 시작된 공연 계획은 일사천리로 이루어졌다. 공연까지 6개월 정도 남은 기간 서로 겹치지 않는 다양한 작품으로 공연 연습을 시작하였다. 아마추어 중에서도 아마추어인 회원들은 무대에 오른다는 기대에 정해진 수업 시간 외에도 개인 시간을 할애하며 연습에 매진하였다.

예산 확보를 위해서, 500석이니 유료 공연으로 한번 해 보자는 생각으로 관람 티켓을 1만 원에 판매하는 것으로 회원들과 협의하고 결정하였다. 아마추어 공연인데 과연 누가 보러 올까 싶었던 예매는 티케팅 시작 몇 분 안에 좌석이 매진되었고, 그렇게 기획했던 나의 첫 공연은 만석으로 시작했다. 공연이 끝나고 아마추어 공연자들의 뜨거운 눈물과 해맑은 웃음, 그리고 그들이 내게 전한 행복과 감사는 무엇보다 큰 감동으로 다가왔다. 아마추어 공연자뿐만 아니라 그날의 관객과 또 그들을 조마조마 바라보며 두 손 꼭 쥐고 응원하던 연주자들의 가족과 지인들의 뜨거웠던 떨림은 지금도 내게 선명한 울림으로 전해진다.

내 삶에 꽤 괜찮은 정답으로 다가왔던 감동적인 첫 공연 이후, 하나 둘 시행착오를 겪었지만 지금은 연 2회 정기 자격 연수로 매년 100명 이상의 강사들을 양성하고 있다. 그리고 각종 교육과 공연, 지역 재능 기부, 2년에 한 번의 협회 전체 정기공연 등 다양한 활동을 이어가고 있다. 또 특별히 1회 정기공연 때 발생한 예상보다 많았던 수익금을 뜻 깊게 사용했으면 하는 마음에 기부를 시작했던 것이 지금까지 예쁜 인연이 되어 정기공연 후 수익금은 지역 복지관 또는 필요한 공공기관에 기부하는 것을 이어가고 있다.

집안일만 하던 엄마와 아내가 연주자로 참여하고, 직장과 일만 아는 것 같던 아빠와 남편, 바쁜 학업에 취미가 마땅치 않던 아들과 딸이 두 손 모아 응원하며 연주자로도 참여해 공연을 즐기면서 이들은 서로를 이해하고 정답게 소통한다. 그리고 발생한 공연 수익금을 지역 사회로 환원하면, 우리가 함께 만드는 모두가 행복할 수 있는 무대가 완성되는 것이다.

제3회 고성 - 북의 소리 공연을 마치고

05

앞으로 걸어가는 나의 길

나는 국악의 대중 보급을 목표로 교육과 공연, 재능기부를 하여 협회를 성장시켰고, 지역과 상생을 위해 다양한 활동을 펼치고 있으며 전문 강사반과 공연반을 운영하며 강사와 공연인을 양성하고 있다. 협회의 성장으로 '국악을 더 널리 더 멀리 보급하고 싶다.'라는 간절함은 더욱 커졌다.

그때 나에게 찾아온 좋은 기회가 있어 소개해보고자 한다.

한국의 아이돌 그룹들은 K-POP 등을 통해서 단순히 한국의 음악뿐 아니라 우리의 의상, 무대 퍼포먼스 등으로 세계에 많은 영향을 미치고 열렬한 관심을 받고 있다. 그중에서도 현재 한국의 대표적인 아이돌 그룹 BTS방탄소년단와 함께 우리의 것을 세계에 알릴 기회가 있었다.

서울시 홍보 '어기영차 서울'이란 광고를 기획하고 있던 담당 감독님의 섭외 연락이 내게 왔다. 그는 서울시 홍보를 위해 한국을 알릴 수 있는 우리 악기, 우리 춤, 태권도 등 다양한 한국의 문화를 기획 콘셉트로 하고 있는데, 그중 우리 악기인 북의 안무 파트를 내게 맡아 달라는 요청이었다.

나는 한국의 악기로 북이 선정된 것도 자랑스러웠고, 한국을 멋스럽게 알리는 의미 있는 일에 나도 함께한다는 감사한 마음을 안고 BTS의 정국 님에게 안무를 지도하기로 하였다. 세계의 많은 사람이 우리 소리, 우리 악기 그리고 내가 만든 북 안무를 보게 된다는 사실만으로도 준비 과정부터 굉장히 뿌듯하고 뜨겁게 행복했다.

오늘도 나는 전통국예술교육협회에서 회원들을 목청껏 소리치며 가르치다 짬을 내어 사무실에 와 있다. 그리고 이 글을 서툴지만, 제법 성실히 써 내려간다. 마치 나의 20대, 30대 그리고 지금의 40대 길을 서툴렀지만 제법 성실히 걸어왔던 것처럼.

서울시 홍보 '어기영차 서울' BTS 안무 지도

예전에 우연히 보게 된 일본의 공익광고가 무심히 떠오른다. 그 광고에는 마라톤에 참가한 여러 사람이 등장하는데 모든 사람들은 하나의 도착 지점을 향해 있는 힘껏 달려 나간다. 그러나 그 순간 어느 한 사람이 의문을 제기한다. '도착 지점은 과연 누가 만든 것인가?' 그 순간 화면은 마라톤에 참가한 다양한 사람들로 다시 향하고, 코스를 이탈하기 시작하는 사람들은 각자 저마다의 길을 향한다. 누군가는 결혼식장으로, 누군가는 클럽으로, 누군가는 야구 경기장으로, 누군가는 조용한 도서관으로, 또 누군가는 결승 지점으로 향한다. 결승 지점이라 이름 붙여진 곳만이 꼭 정답이 아닐 수 있다. 그러니 용기 있게 자신만의 길을 나아가라는 공익광고였던 것 같다.

나는 새로운 길로 또 한 번 걸어보고 싶다. 간호사, 종교인, 예술인 내가 걸었던 어떤 모습의 삶도 후회하지 않는다. 그동안 시간을 허비했다고 생각하지도 않는다. 지금 돌아보면 좌충우돌했던 그때의 삶들이, 그 순간들이 있었기에 오늘의 길 위에 내가 담담히 서 있는 것이 아닐까 생각한다. 그리고 서툴게 이 글을 쓰며 피곤해하는 지금의 나 역시도 미래의 반짝이는 나를 만들 것이라는 좋은 예감이 든다.

뿌리 깊은 우리의 북소리, 이 무형의 문화를 보존하고 또 보급할 수 있고, 나아가 한국문화의 대중화에 기여하고 세계에 전할 수도 있는 현재의 삶이 자랑스럽고 사랑스럽다.

앞으로도 더 많은 사람들에게 북을, 그리고 그 소리를 알리고 싶다.

그렇게 더 많은 사람에게 감동을 주고, 그들의 삶에 풍성하고 선명한 응원을 힘껏 해주는 따뜻한 북을 치고 싶다.

PART 3

옥구슬, 태극가요 장구 난타 개발자의 꿈!

남옥(옥구슬)

Mobile
010-5131-8530
Email
hyeri4@naver.com

● 학력 및 경력사항

- 고려대 명강사 최고위과정 17기 사무총장
- 유일상선생님 사물놀이 및 풍물 사사
- 옥구슬 태극장구 난타 개발 보급
- 청주시 운천동 대안학교 국악강사
- 청주시 서부지구 여성발전센터 사물놀이 강사
- 가경동 주민센터 사물놀이 강사
- 청주 직지 악가무예술단 사무국장
- 한국국악교육원 충북총국 이사
- 현재 한국국악교육원 청주분원장
- 청주 예술의전당 직지창무극 공연
- 찾아가는 문화활동 수회 공연
- 청남대 청명예술단 공연
- 진천 농다리축제 초청공연
- 미국 새크라멘토 한인회초청공연
- 청주 예술의전당 타악퍼포먼스 공연
- 금산 효사랑병원 어르신 위문공연
- 청주 우암 와우축제한마당 초청공연
- 무심천 시민을 위한 축제한마당 공연
- 서해안 실치축제 초청공연
- 매월 가요장구 봉사공연 실시

● 방송 출연

- IWS방송 '전원주와 한강이 전하는 사랑의 효도가요'
- 아이넷TV '이야기 하나 이야기 둘'
- YCN 유림방송 '알쏭달쏭'

● 저서

- 명강사 25시(공저)

● 자격 사항

- 명강사 명강의 1급
- 평생 교육 강사 1급
- 전래놀이 지도사 자격증
- 가요교실 가수 자격증
- 국악사 한국무용 1급
- 타악 퍼포먼스 3급
- 국악지도사 사물놀이 3급

● 수상 경력

- 다민족 전국국악경연대회 동상
- 전통사물놀이 경연대회 장려상
- 전통무용경연대회 1등상
- 청주시장 국악부문 지도자상
- 대한민국국악대상 가요장구 부문 공로상
- IWS방송 연예대상 가요장구 대상

01

40대, 불혹의 나이에 일으킨 인생 바람

열심히 의류 사업을 하면서 살 만했던 시절, 삶에 뭔가 의미 있는 시간을 갖고 싶었던 시간이 40대였던 것 같다. 우리는 이것을 "불혹 나이"라 부른다. 불혹은 통상적으로 40대부터 50대까지를 가리키는 경우가 많다.

내가 의류 사업을 하던 40대에 우연히 교회 봉사활동을 따라갈 계기가 있었다. 교회 오빠 언니들이 요양원에 가서 기타를 치고 노래를 하는데 한 어르신이 시끄럽다며 나가라고 하는 모습을 보았다. 봉사활동에 참 고마워해야 할 텐데 나가라니…. 아, 이것은 어르신들의 입장을 고려하지 못한 우리의 자선공연이었구나 하는 생각이 들었다. 그날 이후 나는 사회에 무슨 기여를 할 수 있을까 하는 생각이 머리를 떠나지 않았다.

고민 끝에 정신적으로 풍요로운 삶을 살고 싶어서 찾아간 곳이 청주

대학교 평생교육원이었다. 굿거리, 새 마치 등 가락장구를 배우고 유일상 교수님으로부터 사물놀이를 사사했다. 그러면서 청주대학교 평생교육원에서 총무로도 5년의 시간을 보냈다. 취미로 배운 가락과 사물놀이, 국악 퍼포먼스는 내게 봉사할 수 있는 시간을 주었고 그것이 직업으로 발전해 사물놀이 학원을 오픈하는 계기가 되었다. 가장 한국적인 것이 가장 세계적인 것이라 했던가? 찾아가는 문화활동 공연, 청주 예술의전당 직지 창무극 공연, 청남대 공연을 거쳐 마침내 미국에서도 공연을 하게 되었다. 세계 각처에서 많은 한국인들이 활동하고 국위를 선양하고 있는 것이 자랑스럽다. 2008년도에는 미국 캘리포니아 새크라멘토 한인회 초청으로 미국 공연도 다녀왔다.

"불혹 나이"는 인간의 삶에서 중요한 변곡점이 될 수도 있다더니 나에게도 그런 일이 일어난 것이다. 나는 가족과의 관계에서 살아남기 위해서 최선을 다하고 있으면서도 뭔가 전환점을 갖고 싶어 했던 것 같다. 사업장에서의 역할, 주변 등 다른 측면에서 변화가 생겼고 도전했던 것이 현실이 되었다. 나의 고민과 의문은 삶의 경험이 되었고 그것은 노력과 성숙함을 바탕으로 나를 성장시켰다. 뜻하지 않게 나의 가치를 발견하고 사물놀이와 국악사로서 삶의 풍요로움을 느끼는 계기가 되었다.

02

옥구슬!
태극가요 장구 난타를 개발하다

사물놀이 학원을 운영하고 있을 때였다. 하루하루가 답답하게 흘러갔다. 내가 배운 것이 사물놀이라 사물놀이 학원을 차려서 운영하고 있었지만 학원 운영은 나아지지 않은 채 그 자리에 머물러 있었다. 이 일을 계속해야 하나 회의가 가끔씩 몰려왔다. 무언가 탈출구가 필요했다. 그러던 어느 날, 내가 살고 있던 지역과 가까운 곳에서 품바 축제가 열린다는 소식이 들려왔다. 나는 머리도 식힐 겸 뭔가 새로운 것이 없을까 하고 그곳을 찾았다.

축제장에 당도했을 때 가까운 곳에서 시끌벅적한 소리가 들려왔다. 그곳에는 꽤 많은 군중들이 운집해 있었다. 나는 신명 나는 장구 소리와 노랫소리에 이끌려 사람들 틈을 비집고 겨우 자리를 잡을 수 있었다. 그러던 순간 나는 눈앞에 펼쳐진 공연에 넋을 잃고 말았다. 그곳에서는 익히 알려져 있는 버들이가 장구를 신명 나게 치면서 노래 공연을 하고 있었다. 그래 바로 저거였어! 그동안 나는 왜 깨닫지 못하였을까? 기존의 판을 깬 현란한 동작과 트로트 음악의 디스코 장구 가락은 수많은 관중들을 압도하고 있었다.

나는 저 음악을 기필코 배워야겠다고 생각하고 바로 다음 날 디스코 장구 학원을 수소문하였다. 어렵게 학원을 찾아내 방문하였으나 학원에서는 가르쳐 주는 것을 거절하였다. 내가 사물놀이 학원 선생이라서 그런지 디스코 장구 학원에서는 굳이 나에게 가르쳐 주지 않으려 했다. 또 하나의 경쟁자가 생겨난 것이라 여겼던 것 같다. 그렇게 학원에 돌아와 허탈한 마음으로 고민하고 있던 중 눈에 확 들어오는 것이

있었다. 바로 벽에 걸려 있던 태극기였다. 그래 바로 저거야! 태극기의 형상을 응용한 우리만의 디스코 장구를 개발하여 보급해 보자는 생각이 들었다. 태극 장구라는 것이 과연 우리의 얼과 문화가 맞는가? 이론 공부를 했다. 순간 탁!! 무릎을 칠 수밖에 없었다. 엄청난 것이구나. 우리의 것은 소중한 것이여~~ 공부를 통해 알게 된 태극 장구의 가치를 전하자 생각하고 작품 개발에 돌입하게 되었다.

여러 날, 여러 달을 잠도 자지 않고 꼬박 개발에 매달렸다. 기존의 디스코 장구는 대중가요의 리듬에 기반하여 만들어졌다. 그래서 나는 기존 가요보다는 우리의 전통적인 사물놀이 리듬에 기반한 장구 가락을 만들고자 했다.

태극 장구는 한국의 전통 예술의 일종으로 태극 무용을 형상화한 것이다. 한국의 무용 예술 중 한 분야인 태극 무용은 "태극"을 형상화한 것으로 동양철학 사상이 기본 개념이다. 결국 내가 작품에서 언급하고자 한 태극 무용은 우리의 소중한 국기인 태극을 형상화해 표현하는 것을 목표로 하고 개발한 작품이다.

태극 장구 난타는 우리 한국의 태극 무용의 한 형태이다. 이것은 난타라는 실질적인 퍼포먼스를 태극 무용에 결합한 것이다. 이런 공연들은 태극을 표현하기 어려운 태극 무용 팀이 어떤 이벤트나 공연으로 하는 형식이다. 태극 장구 난타는 현대적인 음악에 격렬한 동작인 난타를 가미한 것이다.

그중 내가 개발한 태극가요 장구 난타는 대중의 삶 속에 가까이 스며들기 위해 태극 무용에 트로트를 접목하고, 사물놀이와 격렬한 몸동작인 난타의 타격을 기반으로 만들어낸 작품이다. 태극 장구 난타는 큰 동작과 난타의 타격을 통해서 태극의 기본 원리인 화와 수, 양과 음의 상반되는 개념을 표현하는 것이다. 큰 움직임과 타격은 보는 관객들에게는 충분히 힐링이 되고 화려한 동작이기에 시각적으로 아주 강렬한 공연이 된다. 거기에 나의 태극가요 장구 난타는 사물놀이까지 병행했으니 정적일 것만 같은 한국 전통 예술도 강렬할 수 있다는 것을 나는 이 태극가요 장구 난타를 통해서 알리겠다는 의미로 개발하게 되었다.

내가 그랬듯이 누군가는 의미 있고 가슴 뛰는 삶을 살고 싶을 것이다. 딱히 태극가요 장구 난타를 한다고 해서 그런 건 아니겠지만 나는 아름다운 우리의 것을 한국을 넘어 세계에까지 알리고 싶다. 현재 태극 장구 난타는 국내뿐만 아니라 해외에서도 많은 공연을 하고 있다. 거기에 사물놀이와 가요를 더한 태극가요 장구 난타는 공연을 할 때마다 관객들이 매료된다고 말한다. 그래서 나는 이런 옥구슬 태극가요 장구 난타를 널리 보급하고 무엇인가를 찾고 힐링하고자 하는 이들에게 좋은 삶의 무기가 되도록 만들고 싶다.

03

태극가요 장구 난타를 본격적으로 가르치다

사물놀이 위주의 학원은 태극가요 장구 난타 작품을 선보이기 위해 새롭게 개원했다. 대학교수는 강단에 설 때 자기가 쓴 책으로 수업하는 것을 자랑스럽게 생각한다. 나도 내가 개발한 작품으로 학원생들에게 수업을 한다는 기쁨에 너무나 감격스러웠다. 학원이 새롭게 개원하던 날 나는 설레는 마음으로 밤잠을 설친 채 아침부터 준비에 열중했다. 무대를 꾸미고 음향을 설치한 다음 객석에 의자를 놓았다. 만반의 준비가 끝나자 사람들이 하나둘씩 몰려들기 시작했다. 시작 시간이 되자 학원은 사람들로 가득 차 발 디딜 틈이 없을 지경이었다. 정말 많은 사람들이 몰려왔고 가슴이 벅찼다. 꽤나 유명한 가수가 사회를 보고 노래를 불렀고, 나는 새로 개발한 옥구슬 태극가요 장구 난타를 선보였다. 사람들의 반응은 컸고 개원은 성공적이었다. 사물놀이와 함께 디스코 장구까지 교육하는 감동은 새로 태어난 듯한 기분이었다.

작품을 새롭게 선보이는 것을 성공적으로 마친 후 새로운 작품의 첫 고객이 생겼다.

우리 학원에 거울을 달아주신 거울 가게 사장님이 딸을 데리고 오셨다. 장구 가락이 너무 신명 나고 건강에도 좋을 것 같아 한번 배워보고 싶다고 했다. 내가 개발한 태극가요 장구 난타, 디스코 장구를 배우러 온 첫 번째 학생이었다. 그와 함께 온 딸도 무척 재미있어 했다. 다음날에는 회사원 한 분이 오셨는데 역시 딸과 함께 와서 등록하였다. 학원생들 모두 디스코 장구를 신기해하고 즐기는 분위기여서 수업 시간이 하나도 힘들지 않았다.

우리 조상들이 남겨주신 아름다운 사물놀이 가락을 현대 가요인 트로트에 접목하여 가르친다는 것은 가슴 뿌듯한 일이었다. 우리의 전통을 지키고 가꾸어 나가고 있다는 사실에 자부심과 사명감을 느꼈다. 그동안 내가 학원에서 가르쳐오던 사물놀이는 사실 오래된 음악이 아니라 1970년대 말에 새로 만들어진 창작 음악이라 할 수 있다. 다만 창작 음악이되 전통음악을 계승한 창작 음악인 것이다. 이 사물놀이는 김덕수를 비롯한 젊은 국악인들이 꽹과리, 장구, 북, 징의 네 악기를 중심으로 공연단체를 만들어 전국의 풍물 가락 중에서 뛰어난 가락들을 모아 새롭게 구성한 것으로 국내에서 선풍적인 인기를 얻었으며 이후 전 세계로 알려졌다. 사물놀이의 뛰어난 가락에 놀란 많은 사람들로부터 많은 사랑을 받게 되었다.

장구의 매력은 그것이 어느 가락이든, 그것이 가요일지라도 거기에 맞추어 신명 나게 연주할 수 있다는 것이다. 또 음악이 느리면 느린 대로 빠르면 빠른 대로 맞춰줄 수가 있다. 지역 순회공연에서도 우리의 장구 가락은 최고의 인기 공연이었다. 우리의 악기를 연주한다는 것은 우리의 소중한 민족문화유산을 계승한다는 의미와 함께 한민족의 심성을 발산하여 건강하고 활기찬 삶을 꾸려나갈 수 있다는 의미를 가진다.

이렇게 우리 학원에서 태극 장구 난타를 배우는 학원생들은 하나같이 신기해하며 재미있어했다. 하나 둘 셋 넷, 둘 둘 셋 넷, 몸 사위부터 풀고, 가요 찔레꽃 음악에 맞추어 교육이 시작되었다. 월, 화, 수, 목, 금 하루도 쉬지 않고 강행군을 하며 주야로 교육하였다. 입소문이 나면서 몇몇 안 되던 학원생은 시간이 가면서 기하급수적으로 늘었다. 하루하루가 즐겁고 행복한 나날이었다.

04

100세 축하 공연 - "엄마 사랑해요! 엄마의 백 세 삶을 축복합니다"

학원이 나날이 번창해 가던 어느 날, 나는 오래전부터 계획해오던 일을 실행에 옮겼다. 그것은 지방 요양병원에 계시는 엄마의 백 세를 축하하기 위해 내가 직접 공연을 해드리는 일이었다. 백 세 공연은 나에게 특별한 의미가 있었다. 순탄치 않은 가정생활로 인해 엄마에게 효도를 한 적이 거의 없었기 때문이다. 그렇기에 이번 백 세 공연은 오로지 엄마를 즐겁게 해드리기 위해 내가 할 수 있는 유일한 일이었다.

들뜬 마음에 한잠도 자지 못하고 아침부터 분주하였다. 엄마 백 세 생신에 맞춰 태극 장구 난타 공연을 보여드리기로 한 것이다. 이를 위해 맹연습을 하였고 운전면허도 따고 자동차도 구입하여 만반의 준비를 하였다. 나 이외에 사회자와 가수 1명, 장구 1명을 초대하여 4명이 한 팀을 이뤄 공연할 계획이었다. 마음이 벅차 뜬눈으로 하얗게 밤을 지새운 데다 왕초보 운전이어서 잘할 수 있을지 걱정이 앞섰다. 미숙

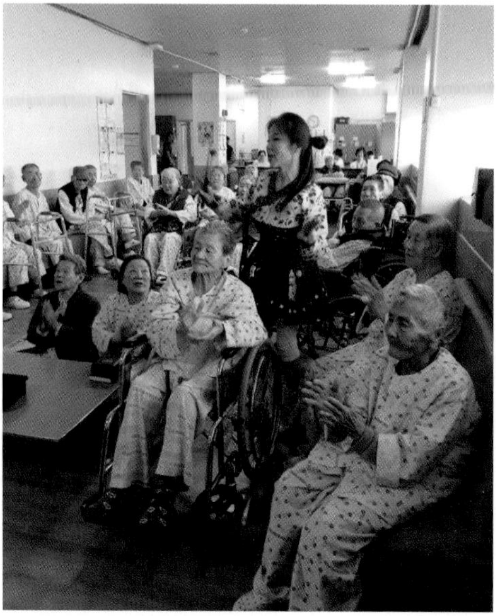

한 운전이었지만 조심스럽게 차를 몰아 드디어 요양병원에 도착했다. 도착하니 병원 부속 교회의 목사님이 반가이 맞아주셨다.

분주히 공연 준비를 마치고 드디어 공연장소에 들어서니 어르신들께서 기다리고 계셨다. 그때 엄마를 보고서 많이 놀랐다. 왜냐하면 엄마가 나를 모르는 척하고 계셨기 때문이다. 나는 엄마가 치매가 온 것이라 생각하여 엉엉 울고 있는데 엄마가 다가와 빙그레 웃으시며 나를 달래 주셨다. 내가 오랜만에 찾아와서 노여운 마음에 그러셨다는 것이다.

공연을 보신 엄마는 내가 연주하는 장구 가락의 흥과 신명에 어깨를 들썩이시며 좋아하셨고 요양원에 계시는 다른 어르신들도 흥이 나서 손뼉을 치며 즐거워하셨다. 나는 어르신들이 행복해하는 모습을 보며 너무 기뻤다. 그리고 가슴이 뿌듯했다. 디스코 장구를 완성하면 제일 먼저 엄마 앞에서 보여드리겠다고 한 약속을 지켰기 때문이다. 그러나 돌아오는 길에 마음이 아팠다. 엄마를 청주 집 근처로 모시고 싶은데 여러 가지로 문제가 있어 모시지 못해 답답할 뿐이었다. 여건이 되는 대로 모실 것을 기약하였다.

05

축복 속에 찾아온 슬픔

대한민국 국악대상을 수상하다

내가 개발한 옥구슬 태극가요 장구 난타를 많은 사람들에게 가르치고 또 공연을 통하여 열심히 보급하였다. 내가 운영하는 학원은 한국국악교육원 청주 분원이다. 처음으로 태극가요 장구 난타 개발, 디스코 장구를 개발, 이를 널리 보급하였다는 공로로 한국국악교육원에서 수여하는 대한민국 국악 대상 가요 장구 부문 공로상을 받았다. 이 부문에서는 내가 처음으로 받는 상이었다. 비록 부족한 점이 많이 있지만 상은 내게 큰 의미였고 보람이었다. 시상식이 열리는 컨벤션 센터에는 오빠와 함께 학원 사무국장이 동행하여 수상을 축하해 주었다. 시상식은 성대한 공연과 함께 개최되었고 식이 끝난 후 축하 연회를 즐겼다. 그간 수고한 것들이 축복으로 다가오는, 오랜만에 여유로운 하루였다.

뜻하지 않은 나의 사고, 연이어 하늘나라로 간 엄마

너무 잘나가는 나를 시기라도 하였을까? 지방에 다녀오고 나서 6개월 넘게 열심히 학원생들을 교육하여 첫 공연을 이틀 앞둔 날이었다. 공연을 앞두고 들뜬 마음으로 옥상에 빗물 관리차 올라갔다가 대형 사고가 터진 것이다. 그만 빗물에 미끄러져 다리 골절상을 입었다. 중상이었다. 그 순간 고통으로 얼굴은 일그러졌고 허탈감이 나를 감쌌다. 어떻게 일궈왔는데 공연을 앞두고 이런 일이 생기다니 눈앞이 캄캄했다.

병원에 입원한 지 한 달 만에 다리에 깁스를 하고 목발을 짚은 채 퇴원하여 학원으로 복귀하였다. 그러나 학원생들은 아무도 남아 있지 않았다. 내가 다리를 심하게 다쳐 더 이상 디스코 장구를 가르칠 수 없다는 것을 알고 모두 다른 곳으로 간 것이다. 사람들이 북적대던 학원에는 적막감만이 흘렀다. 하지만 나는 좌절하지 않았다. 다시 일어서자! 다시 해 보는 거야, 나는 속으로 다짐하고 작품 연구에 몰두하였다. 다리의 완전한 재활에는 2년이 소요되었다.

다리 골절로 학생들을 가르칠 수 없어 학원 운영이 오랫동안 중단되었지만 걱정했던 다리는 완치되어 감사한 마음이었다. 다시 시작하라는 의미인 모양이었다. 다리 완치 후 학원을 되살리는 일보다는 우선 지방 요양병원에 계신 엄마가 걱정되었다. 일단은 엄마부터 가까운 곳에 모셔야겠다는 생각에 멀리 지방 요양병원에 계신 엄마를 가까운 청주에 있는 요양병원으로 모셨다. 엄마는 다행히도 건강하셨지만 다리를 못 쓰셔서 치료 중이었다. 학원과 요양병원을 오가며 재기에 박차를 가하던 즈음에 갑자기 코로나가 온 나라를 덮쳤다.

코로나19는 엄마와의 면회마저 막았다. 불안하고 초조한 마음에 요양병원을 찾아가 봤지만 번번이 면회가 거절되었다. 준비해 간 음식물과 물품만 문 앞에 전해주고 오는 것이 전부였다. 그런데 결국 내가 예상하고 염려했던 일이 터졌다. 요양병원의 관리 소홀로 엄마에게 욕창이 온 것이다. 노인에게 욕창은 치명적인 병이다. 그러나 안타까운 현실에도 내가 할 수 있는 것이 아무것도 없었다.

그러던 어느 날 엄마는 쓸쓸히 내 곁을 떠났다. 불효한 듯한 슬픔을 주체하기 어려웠다. 야속한 코로나19. 엄마를 보내고 마음에 우울증이 와서 많이 힘들었다. 하루 종일 슬픔에 싸여 있었고 가슴이 미어지듯 아팠다. 그토록 건강하시던 엄마가 갑자기 돌아가신 데 대해 분노의 마음이 몰려왔지만 나는 모두를 용서하기로 했다.

06

나의 장기,
디스코 장구로 다시 우뚝 서다

전국 가요제에 도전하다

엄마가 가신 그해 10월 마지막 날 평소 알고 지내던 가수로부터 전화가 한 통 왔다. 문화 소외 지역인 면 소재지의 산골 마을을 다니며 '찾아가는 문화활동' 공연을 함께하자는 전화였다. 나는 아무 준비도 없이 장구만 하나 들고 그곳에 갔다. 가요를 틀어놓고 거기에 맞춰 장구를 연주하면서 나는 문득 다음 공연할 때는 노래까지 직접 해야겠다는 생각이 들었다. 장구만으로는 완전한 공연을 할 수 없었기 때문이다. 장구 연주와 노래가 일치해야만 관객들에게 감동을 줄 수 있다는 생각이 들었다. '그래, 앞으로는 내가 직접 노래를 하면서 장구를 치자!' 나는 이런 결심을 하면서 노래 공부에 매진하게 되었다.

온 나라가 코로나로 어수선한 시기였지만 나는 열심히 가수 수업을 받고 음반도 내고, 트로트 오디션에도 도전하게 되었다. 지난해에는

IWS 방송에서 주최하는 전국가요제에 출전하여 좋은 성적으로 예선을 통과하였다 60여 명이 출연한 예선에서 평도 좋았고 내가 노래한 동영상은 조회 수가 제일 많을 정도로 인기였다.

본선 준비를 위해 많은 노력을 기울였다. 발성 연습을 위해 매일 한적한 호숫가까지 걸어가 목이 터져라 소리를 지르고 본선 곡을 수백 번 반복해서 불렀다. 그러다 보니 목이 쉬었다 풀렸다를 반복하면서 나의 가늘었던 목소리는 점차 힘이 붙고 커졌다. 그러나 본선에서 불러야 할 곡이 다섯 곡이어서 연습이 만만치 않았다. 그리고 그 다섯 곡도 익숙한 곡이 아닌 모두 신곡이었다. 2~3개월의 짧은 기간 동안에 다섯 곡을 완벽히 소화해야 했다. 그렇지만 노래 실력이 하루가 다르게 향상되는 것이 피부로 느껴져서 육체적으로 힘들었지만 마음은 행복

한 나날이었다.

마침내 가요제 본선이 열리던 날 온 가족이 총동원되어 멀리 용인과 도고, 청주 등에서 응원을 위해 아침 첫차를 타고들 서울에 올라왔다. 나는 걱정이 되어서 전날 미리 올라와서 가요제가 열리는 성균관 컨벤션 센터 근처에 숙소를 잡았다. 그러나 숙면을 취하지 못하고 자다 깨다 반복하다 늦게 잠이 드는 바람에 다음 날 아침 다른 사람들보다 늦게 경연장에 도착했다. 경연장에는 이미 도착한 60여 명의 경연 참가자들이 정신없이 경연 준비를 하고 있었다. 한쪽 구석에 자리를 잡고 준비해온 의상을 재빨리 입었다. 다들 의상이 예쁘다고 한마디씩 했다. 한참을 기다린 뒤에 드디어 무대에 올라 나름 최선을 다해 노래를 불렀다. 그러나 가족들의 큰 기대에도 불구하고 1차에서 탈락하고 말았다. 탈락의 주된 이유는 목소리가 너무 작다는 것이었다. 허탈했다. 나름 열심히 했는데 1차 탈락이라니…. 내 실력이 이 정도밖에 되지 않는다는 것을 뼈저리게 느꼈다. 그리고 불끈 주먹을 쥐었다. '그래 다시 시작하는 거야.'

거인 전원주 선생님을 만나다

사람은 모든 것을 다 잘할 수는 없나 보다. 그래도 가요제 도전 덕분에 나는 역시 국악사임을 알게 되었다. 다음 날 열린 IWS 가요대상에서 나는 디스코 장구 부문 대상을 받았다. 가요제에서는 비록 실력이 안돼서 입상하지 못했지만 디스코 장구로 상을 받은 것은 나의 본업이 무엇인지 일깨워주는 시간이었다. 그동안 내가 디스코 장구를 연구, 개발하면서 많은 노력을 한 것이 보상받는 느낌이었다. 그리고 방송 프로그램인 '전원주와 한강이 전하는 사랑의 효도 가요'에도 디스코 장구로 출연하였다.

전원주 선생님 같은 유명 연예인과 방송에서 토크쇼를 하다니 정말 꿈같은 현실이었다. 전원주 선생님은 유쾌하고 다정다감한 분이셨다. 나를 많이 예뻐해 주셨고 칭찬도 해주셨다. 무엇보다도 태극 장구 난타와 옥구슬 소개를 멋지게 해주셔서 고마웠다. 나의 대표곡 '청주공항 엘레지'도 이 프로그램을 통해 발표하고 신곡 여러 곡을 장구 연주와 함께 선보였다. 전원주 선생님은 새로 개발한 태극가요 장구 난타에 대해 많은 격려를 해주시고 우리 가락을 발굴하여 보급하는 것이 애국자라며 칭찬을 아끼지 않으셨다. 나는 앞으로 더욱더 열심히 노력하여

좋은 작품을 창작해 보여드리겠다고 약속했다. 전원주 선생님이 우리 곁에서 오래도록 건강하게 활동하시기를 기원해 본다.

이 프로그램 외에도 YCN 유림 방송의 '알쏭달쏭' 토크쇼에도 출연하여 한강 선생님과 토크를 하면서 신곡을 발표하였다. 아이넷TV 등 다른 여러 방송에 나가면서 인지도도 높아졌고 지역에서 나를 알아보는 사람도 점차 많아졌다.

생각해 보면 전국가요제에 출전하여 큰 실패를 맛보았지만 그 실패는 실패로 끝나지 않았다. 오히려 내가 장기로 하고 있는 디스코 장구를 통해서 나를 세상에 널리 알리는 계기가 됐다는 것이 참으로 신기하다는 생각이 든다. 인생은 새옹지마라고 했던가. 이제 무엇에도 흔들리지 않고 묵묵히 내 길을 뚜벅뚜벅 걸어갈 것이다.

07

늦은 나이에도 다시 시작할 꿈

살면서 위기의 순간은 반대로 늘 나에게 선택의 시간들이었다. 불혹의 나이에 우연히 가게 된 교회 봉사활동이 나를 오늘날 여기에 있게 했다. 내가 책을 쓰는 이 순간도 우연히 내게 온 선물이었다.

용기가 없던 나에게 등록금을 대주면서 고려대 명강사 최고위과정에 보내준 사랑하는 사람, 많이 부족한 나에게 책을 쓸 수 있다고 가르쳐 주고 독려해 준 사람, 포기하고 싶을 때 할 수 있다고 응원해 준 사람….

그들이 있어서 내가 여기에 있을 수 있고, 용기 내어 공저에도 도전할 수 있었다. 나는 이러한 선택과 사랑을 우리의 전통문화를 널리 보급하고 후진을 양성하는 데 쓰려 한다.

나의 작품 태극가요 장구 난타로 나와 이웃이 행복한,

나와 나의 삶터 청주가 행복한,

나와 나의 조국 대한민국의 문화를 계승 발전시키는 진정한 국악 지도자로 남으려 한다.

우리의 것은 소중한 것이야.

늦은 나이에도 배우는 학생으로, 가르치는 지도자로, 아름다운 삶의 증인이 될 것이다.

인생은 아름다워라….

PART 4

영원히 지지 않는 꽃

般松 박준순

Mobile
010-5524-6700
Email
Pjs5149@naver.com

학력 및 경력사항

- 청주대학교 졸업
- 고려대명강사최고위과정 17기 소통위원장
- 현) 청주시자원봉사홍보단 위원
- 전) 충북복싱연맹회장 역임
- 전) 청주시강내면 기업인협의회장 역임
- 전) 청주시흥덕구 기업인협의회장 역임
- 전) 청주서부MJF라이온스클럽회장
- 전) 청석고등학교 총동문회장
- (주)형제크레인 대표이사
- 청주드림신협이사
- 전)서부MJF라이온스회장

자격 사항

- 명강사명강의 1급
- 기업교육강사 1급
- 리더십지도사 1급

저서

- 명강사 25시(공저)

01

영원히 지지 않는 꽃처럼

청소년 시절에 남다른 방황을 일삼던 내가 어엿한 중년이 되었다. 손주의 재롱을 만끽하며 제법 안정감 있는 생활을 영위하고 있다. 복싱은 내 인생에서 더할 나위 없이 소중한, 나와는 불가분의 관계다. 복싱 선수 경력에 더해 복싱연맹 회장을 역임하기도 했다. 학창 시절 선수 생활을 회상하면 절로 웃음이 나오는 한편 한숨이 지어지기도 한다.

내 삶은 원하고 바라는 것처럼 쉽지만은 않았다. 착하게 사는 게 꼭 좋은 삶을 사는 게 아니란 사실도 수없이 경험해야 했다. 살면서 수많은 사람을 만나고 부딪히며 경제활동을 하고 있지만 영원히 잊지 말아야 할 소중한 사람들이 있다. 바로 가족이다. 모든 것에서 가족을 우선해야 한다. 더불어 오랫동안 만나온 친구들도 소중하다. 늘 한결같은 가족과 자주 만나지 못하지만 정든 친구들이 있기에 오늘의 내가 존재하는 게 아닐까.

인생은 행복과 불행, 성공과 실패가 늘 공존하나 보다. 긍정적이고 진취적인 사고로 무한 도전의 정신을 가지고 살아가야 함을 누누이 깨닫게 한다. 늘 도전하는 삶의 자세로 일관하면 언젠가는 자신이 원하는 것을 이룰 수 있다는 점을 소신으로 알고 지내왔다. 남은 인생도 한결같이 그 소신을 저버리지 않고 살아가려 한다. 영원히 지지 않는 꽃처럼.

02

흔들리며 사는 삶

내 청소년기는 부모님의 관심 밖에서 방황하며 하루하루를 보냈다. 당시에 부모님은 생활고를 해결하느라 먹고사는 것에 비중을 두었다. 그러다 보니 내게로 향한 관심은 소홀할 수밖에 없었다. 형제가 많아 각자의 생활 속에서 막연하게 묻어가는 삶에 익숙해져 있었다. 혼자 있는 시간이 많았고 내 얘기를 들어주는 가족도 없었다. 사춘기가 시작되면서 부모님이 나를 이해해 주지 못한다는 것에 커다란 상처를 받고 삶의 의미를 찾지 못한 채 방황의 날을 지속하고 있었다. 외톨이 신세로 살던 시절이었다.

학교에서도 친구들과의 관계가 어색하고 친구들과의 대화에서도 자신을 표현하지 못하며 끊임없이 방황 속으로 빠져들고 말았다. 결국 삶에 대한 의미를 찾지 못하고 중학교 2학년 시절 비상구로 생각한 가출을 하기로 결심하였다.

그 시절 나는 틈만 나면 걸었던 기억이 있다. 무작정 길을 걸으며 내가 원하는 것이 무엇인지, 삶이란 게 무엇인지 생각하였다. 또한 왜 부모님은 나에 대해 관심을 두지 않고 나를 방치하는지 끝없는 고민을 거듭하였다. 그렇게 부모님을 원망하면서 어떻게 하면 중학교 시절에 나의 삶을 마무리할 수 있을까, 부모님의 가슴에 응어리를 만들 수 있을까 생각하면서 시간을 보내기도 했다. 돌이켜 보면 참으로 한심했지만, 그 당시 나는 암담하고 우울하기만 했다. 만약에 그때의 고민과 방황에 못 이겨 좌절하고 말았다면 지금의 나는 존재할 수 없고 부모님 가슴에 영원히 못을 박는 불효자가 되었을지도 모를 일이었다.

비교적 명석하고 똑똑하다는 소리를 듣고 자랐지만 나는 그런 평판과는 달리 어느새 엉뚱한 문제 학생이 되고 말았다. 7남매의 다섯째인 나는 집에서 외톨이 자체였다. 누구 하나 나에게 관심이 없었다. 이제와 생각하건대 가족들 원래가 표현력이 부족했던 탓이 아니었나 싶다. 그렇게 중학교 시절을 보내고 난 후 고등학교에 입학해서도 나의 방황은 계속되었다. 마음을 잡지 못하고 결석하는 날이 잦았다.

그런 어느 날이었다. 고등학교 2학년 여름방학을 앞두고 담임 선생님께서 교무실로 나를 불렀다. 우리나라는 혈연, 학연, 지연 등 공동체의 결속이 강한 사회다. 이에 동화되기 위해서라도 고등학교 졸업장만큼은 반드시 있어야 한다며 타이르셨다. 그러면서 복싱부에 들어가면 일주일에 한두 번만 출석하고 운동에 전념할 수 있으니, 복싱부를 지원하라고 하셨다. 이제나저제나 불안했던 내 학교생활을 눈여겨본 끝에 내놓은 선생님의 고육지책이었으리라. 당시만 하더라도 교내 운동 선수들은 학업에는 별 비중을 두지 않고 운동에만 전념했다. 지금이야 그들도 수업 시간에 참석해 기본적인 학업을 해야 하지만 그 시절의 분위기에서는 오직 자신들의 진로를 위해 매진하며 삶의 담금질에 충실한 때였다. 나는 수업에 들어가지 않아도 된다는 단순한 생각에 선생님의 권유를 받아들여 복싱을 시작하기로 결심하기에 이르렀다.

03

인간의 한계에 도전하는 복싱의 길로

고등학교 시절이 새롭게 시작되었다. 늦깎이 복싱 선수의 길은 험하고 고단한 날의 연속이었다. 뒤늦게 시작한 만큼 비슷한 수준에 도달하기 위해서는 엄청난 훈련과 노력이 뒤따라야 한다는 점을 깨달았다. 복싱을 통해 자신감을 얻고 복싱을 통해 자신의 삶을 책임지는 방법을 배우게 되었다. 나의 꿈을 이루기 위해 몸이 녹초가 되도록 운동에 전념했다. 동료 선수들은 중학교 시절부터 선수 생활을 한 베테랑들이었다. 그런 선수들 틈에서 새내기 복서는 열 배 백 배의 더한 노력을 기울일 수밖에 없었다.

지난날 방황하지 않고 진작 복싱을 했더라면 다른 선수들처럼 어엿한 선수로 성장했을 거라는 아쉬움으로 가득했다. 시절을 되돌릴 수는 없는 법이었다. 지나간 시간을 후회하거나 안타깝게 여기는 것조차 어쩌면 사치일 수도 있었다. 격투기인 복싱은 몸이 곧 무기였다. 내 몸을

다부지고 민첩하게 만들어 상대를 쓰러뜨려야 승리하는 스포츠이다. 인간의 한계가 어디까지인지 보여주는 극한의 운동이라 할 수 있었다.

시합에 출전하기 위해서는 체중조절이 무엇보다 중요하다. 나의 체급은 라이트플라이급이었다. 당시에 나의 신체는 170센티의 키에 몸무게 54kg이었다. 그런데 라이트플라이급의 계체량 통과 기준이 48kg 이내여야 한다. 6kg을 감량해야만 한다니.

체급별 경기는 곧 살인 감량의 연속

다이어트를 경험해본 사람들은 알겠지만, 체중조절을 한다는 것은 여간 힘든 일이 아니다. 생각처럼 쉽지도 않다. 체중조절이 수월한 51kg의 플라이급으로 출전하고 싶었지만, 그 체급에는 이미 복싱을 잘하는 선배가 있어 라이트플라이급으로 내려갈 수밖에 없었다. 참고로 복싱 체급의 체중 기준은 다음과 같다.

· 라이트플라이급 48kg 이하

· 플라이급 51kg 이하

· 밴텀급 54kg 이하

· 페더급 57kg 이하

· 라이트급 63kg 이하

· 미들급 75kg 이하

· 헤비급 91kg 이하

· 슈퍼헤비급 91kg 이상

위와 같은 체급별 체중치는 평상시 체중이 아닌 감량의 기준이기에 보통 선수들은 적게는 4~5kg, 많게는 10kg 가까이 감량하기도 한다. 일반인이 다이어트를 하는 것과는 다르게 선수 생활을 영위하기 위한 그들의 체중조절이 얼마나 힘든 고통인지 경험하지 못한 사람들은 평생 이해할 수 없을 것이다. 바짝 마른 몸에서 그 이상 어떻게 6kg을 감량한단 말인가. 난감하기 이를 데 없었다. 상상조차 하기 힘든 체중 감량에 목숨을 걸어야 했다. 일주일에 6kg을 줄이기 위해서는 먹는 음식의 양을 최대한 줄이고 무더운 여름에도 내복을 입고 그 위에 땀복을 입은 채로 운동을 해야 한다. 아침 운동이 끝나면 내복은 흥건히 젖고 운동화는 땀으로 범벅이 되고 만다.

그렇게 두 시간 정도 운동을 하고 나면 약 2kg 정도가 빠진다. 오후에 운동을 통해 또다시 2kg을 감량해야 한다. 이런 과정을 반복하다 보면 목표했던 체중 감량을 할 수 있게 된다. 이렇게 시합 전까지 매일 반복할 수밖에 없다. 시합은 목전에 두고 열심히 체중조절을 했는데도 1kg 정도가 빠지지 않을 때가 있다. 그럴 때는 최후의 수단으로 사우나를 택한다. 사우나의 한증막 신세를 져야만 한다. 그야말로 지옥의 한증막이다. 답답하고 숨이 막힐 듯한 한증막에서 마지막 한 방울의 땀까지 모두 짜내야 한다. 입술은 타들어 가고 호흡하기조차 힘이 든다. 머리가 빙빙 돌고 어지럼증을 참아내며 견뎌야 하는 체중 감량은 생각만 해도 아찔하다.

격투기 선수들에게 잊을 만하면 들려오는 악몽과도 같은 뉴스가 있다. 시합 전 무리한 체중조절을 감내하지 못하고 사망하는 안타까운 소식이 바로 그것이다. 숨이 멎는 듯한 느낌이 들기도 했다. 2014년 8월에 전국대회를 목전에 두고 유도선수 A양이 무리한 체중 감량 끝에 사망한 사고가 발생했다. 최근에는 이 같은 무리수를 두어가면서까지 체중조절을 하지는 않아 불행한 사고가 자주 일어나지는 않는다. 다행스러운 일이 아닐 수 없다.

목숨을 건 체중 감량의 비밀

체급 제한이 있는 스포츠 종목의 선수들은 체중을 맞추기 위해서 단기간에 급격한 감량을 해야 한다. 특히 격투기 종목의 경우 감량 과정 중에 종종 선수가 사망했다는 안타까운 소식이 들려올 만큼 극한의 프로그램을 수행하게 된다. 보통 감량의 폭은 일상 체중의 10%를 훌쩍 넘길 정도로 높은 편이기도 하다.

경기 당일이 되면 다시 급격히 커진 체격으로 등장하여 사람들을 놀라게 한다. 바로 이런 것 때문에 목숨을 건 체중 감량을 하게 되는 것이다. 일단 계체량만 통과하면 그 이후는 체중이 얼마나 나가든 상관이 없기 때문이다.

신기한 것은 6kg의 체중을 감량하고 계체량을 통과하고 난 다음 음식을 먹으면 보통 5시간 이내에 감량하기 전의 체중으로 돌아온다는 것이다. 그렇다면 운동선수들은 어떻게 그토록 짧은 시간 안에 고무줄처럼 체중을 조절할 수 있는 것일까. 나도 그런 생활을 했지만 이해하기가 쉽지 않다.

체중 감량의 비밀은 바로 저장된 에너지인 글리코겐과 우리 몸의 상당 부분을 구성하고 있는 수분에 있다. 인체의 약 70%를 구성하는 수분은 체중 감량에 있어 글리코겐보다 훨씬 높은 비중을 차지한다. 다시 말하면 운동선수가 체급경기에 출전하기 위해 체중 감량을 해야 할 경우, 스케줄과 프로그램에 맞춰 식단과 운동량을 조절하는 다이어트를 하되 물은 충분할 정도의 이상을 마셔야 한다.

우리가 알고 있는 일반적인 다이어트에서는 평소 체중 관리가 잘되어 있다면 굳이 다이어트를 하지 않아도 짧은 시간 내 상당한 양의 체중을 줄일 수 있다. 보통 사람들이 무리하게 식사를 거르면서 다이어트를 하면 빈혈이나 예상치 못한 증상이 나타나 오히려 몸을 망가트릴 수 있다.

04

복싱 선수의 하루

선수로서 하루 일과는 참으로 고달프다. 아침에 일어나는 일도 여간 어려운 일이 아니다. 새벽 5시 30분에 기상하여 땀복으로 갈아입고 지구력 향상을 위해 달리기를 한다. 지구력을 키우는 일은 복싱 선수의 필수 코스다. 한 시간에서 두 시간 정도 달리기를 하면 온몸이 땀에 흥건해진다. 샤워할 때의 기분은 너무나 상쾌하다. 이후, 음악감상을 하거나 텔레비전 시청 등으로 휴식을 취한 다음 오후 2시부터 또다시 운동이 시작된다. 땀내가 폴폴 나는 운동복으로 갈아입고 체조로 몸을 푼 다음 6라운드의 줄넘기를 한다.

복싱 선수들의 줄넘기는 경쾌하기만 하다. 그 모습을 거울로 보면 스스로 생각해도 멋있기만 하다. 줄넘기는 지구력과 순발력에 효과가 있어 복싱 선수들에겐 필수 운동이다. 다음으로, 혼자서 하는 그림자 복싱이 있다. 흔히 쉐도우복싱이라 한다. 혼자서 상대 선수가 앞에 있다고 생각하고 맨주먹으로 허공을 가르며 하는 운동 방법이다. 혼자서 마음대로 할 수 있어 공간의 제약도 받지 않는 꽤 괜찮은 운동 방법이다.

또한 샌드백을 치기도 한다. 주먹에 무게감이 느껴지는 샌드백 치기는 혼자서 다양한 기술을 구사할 수 있다. 샌드백이 가상의 상대라서 혼자 신나게 두들겨 때릴 수 있고 미운 사람이라고 생각하며 흠씬 두들겨 때릴 때는 스트레스도 날아간다. 그다음은 코치나 선배들이 상대해주는 미트를 친다. 야구 글러브 같은 평평하고 두툼한 장갑을 미트라 하는데, 미트 치기는 내 주먹의 강도가 상대에게 전달되어 펀치의 강도를 어느 정도 측정할 수 있다. 코치 선생님의 지시에 따라야 하기에 운동의 강도가 10점 만점에 8~9 정도의 힘든 운동이라 할 수 있다.

이어서 하루 운동의 하이라이트라 할 수 있는 스파링이 있다. 이것은 실전을 방불케 하는 훈련이다. 격렬한 움직임과 상대의 펀치로 부상을 당하여 선수로서의 생명이 끝나기도 한다. 장래가 촉망되던 유능한 선수가 하루아침에 몸을 다쳐 도중 하차해야 하는 안타까운 경우를 종종 볼 수 있는 게 이 때문이다. 비록 실전과도 같은 훈련이지만 보통의 경우 보호 장비를 착용한다. 이와 같은 훈련 과정을 수없이 반복함으로써 차츰 선수로서의 몸을 만들어 가는 것이다.

복싱 경기장 링의 규격은 4m 90cm 이상, 6m 10cm 이하이며, 링의 높이는 지면에서 1미터 이상이어야 한다. 복싱 선수는 대부분의 시간을 체력과 기술의 향상을 위해 사용한다. 경기를 앞두고 있다면 더 바쁘게 움직일 수밖에 없다. 시합 전날은 최상의 몸 상태를 유지해야 한다. 밀가루 음식을 먹지 않거나 청량음료를 멀리한 채 숙면을 하고 무리한 운동을 자제하며 컨디션 조절에 임한다.

05

승자와 패자가 가려지는 경기

복싱은 격렬하고 긴장감 넘치는 운동이다. 두 선수는 사각의 링에서 서로를 쫓고, 서로의 공격을 피하면서 반격을 시도해야 한다. 경기 중에는 빠른 속도로 움직이며 그동안 갈고닦은 기량을 상대에게 내보인다.

복싱 경기의 핵심은 공격과 방어이지만 공격형 선수는 빠른 속도로 상대에게 접근하며 주먹을 휘둘러 공격하고 수비형 선수는 상대의 공격을 피하며 반격을 시도한다. 경기 중에는 강력한 펀치가 날아다니며 두 선수는 서로의 체력과 기술을 겨루게 되는데 경기가 진행됨에 따라 양 선수는 점점 체력과 기술이 떨어지게 마련이다. 시합에 이기기 위해서는 강인한 체력과 기술에 더한 의지가 필요하다.

따라서 복싱 선수는 경기 중에도 끊임없이 몸 상태를 확인하며 체력 안배에 힘써야 한다. 경기가 끝나면 승자와 패자로 가려지는 게 삶의

이치다. 중도에 KO로 경기가 마무리될 수도 있지만 판정으로 가게 되면 장내 아나운서의 채점 결과에 온 신경을 곤두세운다. 다행히 경기에 이기면 다치거나 지쳐도 승자로서의 쾌감에 몸 둘 바 모르지만, 패자가 된다면 그 쓰라리고 허탈한 기분은 형언할 수 없이 크기만 하다. 인생에 성공과 실패가 있듯 경기에서도 반드시 승패가 가려지는 게 정해진 이치인가 보다.

자신감 회복에도 좋은 복싱

복싱은 체력과 근력을 배가시키는 데 매우 효과적인 운동이다. 고강도 유산소 운동이며 대량의 칼로리 소모가 뒤따른다. 따라서 복싱은 다이어트에 매우 효과적인 운동 중 하나다. 근력과 체력을 함께 다지는 데 많은 도움이 된다. 특히 스파링은 대량의 칼로리를 소모하면서 근육을 강화하고 체력을 단련시킨다. 근육량을 늘리고 체지방을 감소시키는 데도 효과가 있다. 높은 강도의 운동이므로 적절한 식습관도 병행해야 한다.

다른 종목도 그렇지만 부상의 위험이 늘 따라다니므로 안전상의 주의가 필요하다. 예를 들면 스파링을 할 경우 반드시 보호장비를 착용해야 한다는 점과 선수의 경우 체중 감량을 위해 극단적인 다이어트를 시도하지 않도록 특히 유의해야 한다.

복싱을 꾸준히 하게 되면 몸은 건강해지고 일상의 자신감과 활력을 찾을 수 있기에 남녀노소 모두에게 강력히 추천하고 싶은 운동이다. 복싱 선수 경력이 있어서 하는 말이 아니다. 학창 시절의 복싱 선수 경력은 지금까지도 나의 건강을 뒷받침해주고 있기에 매우 소중하면서도 고맙게 내 인생에 자리하고 있다.

06

인생도 스포츠정신처럼 치열하고 반듯하게

우리 선조들은 강건한 정신과 의지를 지니고 살아오셨다. 나라와 민족을 위해 목숨을 아끼지 않으셨던 독립운동가와 애국 투사들의 삶이 그러했다. 한데 지금 우리 주변을 살펴보면 나약한 정신을 지닌 사람들이 적지가 않다. 우리는 끊임없이 도전하는 7전 8기의 정신으로 인생을 살아야 한다. 우리의 삶도 스포츠정신처럼 강한 정신력과 의지로 살아가야만 한다. 쓰러지면 다시 일어나고 지쳐도 포기하지 않는 불굴의 의지가 필요한 것이다.

살다 보니 나도 모르게 매사에 긍정적이고 낙천적인 사람이 되어 있었다. 힘들다고 조금 어렵다고 쉽게 포기할 수 없는 게 우리의 인생 아닐까.

지난 시절 처음으로 나에게 복싱을 권유하신 선생님께 지면을 통해서나마 감사를 드린다. 내 인생에 복싱이 없었다면 아마 지금의 나는

존재할 수 없었다고 믿기 때문이다. 복싱이 곧 내 삶의 터닝포인트가 된 셈이다.

오늘 이 시간에도 땀 흘리며 노력하는 모든 선수에게 힘찬 격려와 응원의 박수를 보낸다. 또한 이 땅의 모든 국민에게 건강한 신체와 건전한 정신이 깃들기를 기원한다.

PART 5

나는 '리더'지만 사실 '꼰대'가 아니었을까?

서리아

Mobile
010 5790 2820
Email
iamlia24@naver.com

학력 및 경력사항

- 미국로드랜드대학 예술학 전공
- 현)미국연합상업협회 한국지부 경영지원팀장(교육강사)
- 현)중소기업해외상장캐피탈그룹(홍콩)경영지원팀장 교육강사
- 전)고려대 명강사최고위과정 17기 공저 위원장

자격 사항

- 기업교육강사1급
- 명강사명강의1급
- 스피치지도사1급
- 인성지도사1급

수상 경력

- K-제주슈퍼모델선발대회 그랑프리

저서

- 명강사 25시(공저)

01

프롤로그

내가 공저를 하게 될지 꿈에도 몰랐다. 스물다섯 살 인생의 시간은 빠르고도 느리게 흘러갔고, 20대 전반전의 고군분투함을 끄적였다 지웠다를 반복하였다. 결국 내가 책에 담은 것은 나의 경험을 적용하여 회사에서의 '선배 역할'을 다룬 글이다. 어쩌면 내 이야기이면서 회사를 다니는 누구나의 이야기로서 공감될 수 있는 부분이 있을 거라고 믿는다.

일의 배경을 정확히 알려주지 않고 대충 업무를 지시하는 선배들 아래서 일을 대충 해야 하는 후배들이 결국 퇴사에 이르는 일에서부터 후배의 심경을 몰랐던 선배가 후배가 회사에 적응할 수 있도록 이끌어 주려면 어떻게 해야 하는지까지 성심껏 써보았다. 글을 읽는 당신에게 조금이라도 도움이 되었으면 좋겠다.

이번에 처음 공저 글을 쓰면서 생에 처음으로 운동을 배우기 시작했던 날이 문득 생각났다. 선생님은 내게 엄지발가락'만' 들어 올리는 연습을 시켰다. 아무렴 내가 운동 신경이 없고, 운동을 처음 배워 본다지만 엄지발가락 들어 올리기 운동이라니. 스스로 발가락을 들어 올리지 못할 리 없다고 생각했다. 하지만 엄지발가락을 치켜 올리려 발바닥과 종아리에 힘을 주니 나머지 발가락들도 우르르 엄지를 따라 올라왔더랬다. 선생님은 그런 내 발가락들을 보며 발바닥 밸런스가 무너져 있다고 했다. 발바닥에도 밸런스가 있다니.

책 쓰는 것과 책 읽는 것 모두 엄지발가락 들어 올리기 운동 같은 면이 있다. 주제를 정하며 글을 써 내려가는 행위는 내 신체에서 가장 낮은 곳에 있는 발의 안위를 살피는 일과 같고, 무거운 육체의 무게를 견디며 삶을 걸어가게 해주는 소중한 곳이지만 잘 보이지 않는다는 이유로 쉽게 무심해지는 발바닥 같은 삶의 면면을 다시 돌아보게 하는 것이 책을 읽는 것과 같다.

글을 쓰고 다시 읽어보며 잘 쓰지 않던 마음속 근육을 되살려 보며 삶의 밸런스를 되찾고자 하는 마음이 우리가 책을 찾게 되는 동력이 아닐까 싶다.

02

요즘 세대 왜 자꾸 퇴사하는 걸까?

77퍼센트는 무엇을 의미하는 수치일까? 잡코리아가 2020년에 실시한 직장인 대상 이직 관련 조사 결과 중 경력 1년 차 신입사원의 이직률이다. 2010년 대비 2배가 상승한 수치이다. 이제 개인에게 이직이라는 행위가 자연스럽게 받아들여지는 시대가 된 것이다.

하지만 회사 입장에서 직원들의 이직률이 높다는 것은 기업의 존폐를 결정할 정도로 큰 문제가 될 수 있다. 물론 성과를 내지 못하는 하위 인력들이 제 발로 나가주는 것은 회사 입장에서는 고마운 일이지만, 절대로 나가서는 안 되는 핵심인력들이 다른 회사로 유출되는 것은 엄청나게 큰 리스크이다. 특히나 부가가치를 내는 것이 최고의 자산인 요즘 시대에 이직으로 발생하는 업무 공백이나 경험, 노하우의 유출, 조직 분위기의 저하 등은 상당한 손실이라고 말할 수 있다.

따라서 회사는 이직률을 낮추기 위해서 필사적인 노력을 하고 있으면서 우수한 인력을 외부에서 영입하려는 노력 또한 하게 된다. 어떻게 보면 안으로는 '이직'이라는 행위를 줄이면서, 밖으로는 계속해서 이직을 부추기는 활동을 같이하고 있다. 이율배반적인 행위 또는 모순과 같은 행위가 벌어지고 있는 것이다.

그렇다면 사람들은 왜 이직을 하고, 어떤 이유 때문에 이직을 고려하는 걸까?

높은 연봉을 찾아서? 내 꿈을 더 크게 펼치기 위해서?

이 말도 틀린 말은 아니지만 그 이면에 있는 불편한 진실을 우리는 수용해야 한다.

입사는 회사의 하드웨어적인 요소(네임밸류, 시스템, 환경)**를 보고 결정한다.**
퇴사는 회사의 소프트웨어적인 요소(조직문화, 업무 프로세스, 리더십 등)**에 환멸을 느끼면서 고려하게 된다.**

퇴사를 결정짓는 소프트웨어적인 요소는 반드시 사람이 만드는 것이다. 그렇다면 여기서 말하는 사람이란, 직장 내 동기를 포함한 모든 사람들이 해당될까? 아니다. 특히 갓 입사한 신입이나 주니어급이 말하는 퇴직 사유 속의 '사람'에는 자신들에게 가장 영향을 많이 주었고, 오랜 시간을 함께했던 사람이 해당하는 경우가 많았다.

조직의 비전과 자신의 비전과 맞지 않아서 회사를 나갈까? 틀렸다.

비전을 제시하지 못하는 사람 때문일 확률이 더 높다. 여기서 비전은 개인 인생의 비전이 아니다. 개인의 비전을 회사가 제시해 주는 것은 말이 안 된다. 그렇다고 하면 개인에게는 스스로 인생의 방향을 찾아가는 주체성이 없는 격이지 않는가.

일을 통한 미래 성장의 모습을 찾지 못하는 것을
회사에서 비전이 없다고 말하는 것이다.

그럼 정확하게 그 사람은 누구일까? 위에 있는 임원 때문일까? 더더욱 말도 안 되는 소리다. 최소 과장급 이상은 되어야 직속 임원과 업무 관계를 가지게 된다. 주니어급의 구성원들에게 임원은 한 단계 또는 두 단계 이상을 거치는 인물로, 단지 멀리서 관망하는 자이다. 퇴사에 영향을 미치는 사람은 '바로 위 선배'이다.

여기에서 말하는 바로 위 선배란 후배에게 일을 지시하며 직속으로 연결되어 관리하는 사람을 뜻한다. 신입사원에게는 멘토, 사수로 지정된 팀 내의 직속 선배일 것이며, 보다 넓게 보면 팀장일 수도 있다. 선배는 후배의 직장 생활에 있어 가장 많은 비중을 차지하고, 후배가 보내는 시간 중 거의 대부분의 시간과 연결되는 사람이다. 따라서 선배와의 문제나 갈등은 후배들을 힘들게 하는 결정적 요소이며 쉽게 피해 갈 수 없는 해결 불가능한 문제에 가깝다는 점이 후배들의 퇴사에 가장 큰 영향을 미치게 된다.

세상을 살아가면서 닥치는 문제나 위기는 크게 3가지로 나눌 수 있다.

1. 시간과 노력을 통해 돌파하거나 헤쳐 나갈 수 있는 문제
2. 수용하거나 받아들여 수긍해버리는 문제
3. 본인의 의도와 노력으로 해결이 불가능하여 회피하는 것이 차라리 상책인 문제

대부분의 직장인들에게 본인이 하고 있는 과제가 마음에 들지 않는다거나, 조직의 내부 규정이 불합리하다거나 하는 것은 외면하거나 일부 수용할 수 있기에 감당해 낼 수 있는 문제라고 할 수 있다. 불만 요인을 상쇄할 수 있는 또 다른 동기부여 요인을 찾아내면 그래도 수월하게 해결될 수 있기 때문이다. 하지만 그 불만의 근원이 사람인 경우, 특히 가장 직접적이면서 관계의 깊이가 깊은 직속 상사 또는 직속 선배라면 얘기는 달라진다.

나와 코드가 안 맞고, 너무 정신적으로 힘들게 하는 선배. 그를 일시적인 현상으로 생각하고 극복하는 대상으로 보기보다는 회피, 외면의 대상으로 여기게 된다. 특히나 아직 감정의 굳은살이 덜 박힌 사회 초년생들이 결국 퇴사, 이직하는 가장 큰 요인이 직속 선배나 직속 상사인 경우가 많다. 다만 그들이 퇴직 면담하는 과정에서 직접적으로 대놓고 원인을 말하지 않을 뿐이다.

03

제발 일 좀 시켜주세요!

당신은 회사에서 일을 잘 시키는 사람인가? 못 시키는 사람인가?

나는 회사 생활을 하면서 일을 못 시키는 사람에 대해서 얘기해 보고 싶다. 일을 시켜야 한다고 이해하면서도 실제로 혼자서 일을 다 떠안고 있는 사람이 많다.

"위에서 자꾸 시키니까 무리인 줄 알면서도 하고 있어요. 그런데 그걸 또 어떻게 다른 사람한테 시키나요? 후배들도 적고 그들도 얼마나 일이 많겠어요."

장기적인 경제 불황으로 많은 회사에서 직원 채용에 상당히 소극적인 상황이기 때문에 이런 불평을 쏟아내는 사람의 마음을 충분히 이해한다. 하지만 주위를 둘러보면 일을 시키고 있는 사람도 많다.

"내 일을 후배한테 시키면 불만이 이만저만이 아니라 인망을 얻지 못해요. 그렇게까지 일하고 싶지 않아요."

이런 항변도 틀린 말은 아니다. 일을 시키는 데 서툴러 말도 안 되는 일정을 떠넘기는 바람에 주위의 반감을 사는 사람이 많기 때문이다. 반면에 지극히 일부라 해도 일을 잘 시키는 사람도 있기에 조직 전체가 잘 돌아가기도 한다.

현장에서 빛을 발하는 사람이 그 능력을 인정받는다고 해도 '현장에서 필요로 하는 능력'과 '관리자로서 필요로 하는 능력'에는 큰 차이가 있다. 그래서 무능한 관리자가 생긴다. 이것이 조직 전체로 연쇄되면 다음과 같은 일이 발생한다.

1. 각 분야에서 뛰어난 인재를 채용한다.
2. 그러나 승진하면서 자신의 능력을 활용할 기회가 줄어들어 다음 직급에서는 역할에 부적합한 사람이 된다.
3. 조직 내의 무의미한 사람이 된다.
4. 조직 내에서 무의미한 인원이 많아지며, 조직 전체의 업무 효율이 떨어진다.
5. 이러한 상황이 지속되면서 권고사직으로 퇴사하게 된다.

더 높은 직위에서 필요한 능력을 보여주지 않는 한 더는 승진을 시키지 않는 것이 이런 비효율적인 상황을 막기 위해 회사에서 취할 수 있는 하나의 해결 방법이다. 일의 수준은 높아지는데 수준에 맞지 않게 해왔던 방식만 계속 고집하다 보면 결국 도중에 갈 곳이 없어진다.

아주 단순하게 말하자면, 현장의 일은 자신이 직접 하는 일이고 높은 직위의 일은 사람을 움직이는 일이다. 주어진 일을 하지 못했을 때, 즉 새롭게 눈앞에 나타난 산에 오르지 못했을 때 한 단계 아래의 산은 오를 수 있었다는 사실을 깨닫게 된다. 비로소 자기가 오를 수 있는 산의 한계를 알아 간다.

그래서 일을 떠안는 사람은 산이 높아지면 등산법 자체를 바꿀 필요가 있다. 일을 내려놓아야 한다는 사실을 깨닫지 못하고 지금까지의 업무 방식으로 다음 단계의 산도 분명 오를 수 있을 것이라 생각하면서, 실제로는 지금 하는 일에 급급해 오를 엄두도 내지 못한다.

사실 남에게 일을 맡기고 의뢰하는 작업은 어느 정도 심리적 부담이 따르기 마련이다. 그렇기 때문에 일을 시키는 입장이라면 상대방의 시간적인 면을 꼭 배려해야 한다. 누가 해도 같은 시간에 끝나는 작업이라도 다른 사람에게 맡길 때는 더 여유를 두는 것이 좋다. 만약 아직 스스로가 여유가 있다고 일 시키기 자체를 미루다가는 결국 맡길 타이밍을 놓쳐버리고 자신이 일을 처리해야만 하는 상황이 되고 만다. 이 밖에도 다양한 이유로 일을 시키지 못하는 사람이 있을 것이다. 어느 쪽이든 이런 사람들 때문에 회사 내에서 '일의 정체'가 일어나면서 일이 꼬인다.

그럼 여기서 슬슬 궁금한 점은 왜 일을 시키지 못하는 걸까?

일을 시키지 못하는 것은 엄밀히 말하면 일의 내용을 단순화하지 못하고 도리어 복잡하게 만들기 때문이다. 모든 일은 언젠가 변하기 마련이다. 언제든 바로 누군가에게 넘길 수 있도록 일을 단순화하는 것을 게을리하면서 바쁜 척하는 자신에게 취해 있는 것은 결코 자랑이 아니다. 나아가 한 분야의 일만 지속하는 프로페셔널의 길을 걷겠다거나, 지금 내가 하고 있는 일을 남에게 어떻게 맡기냐는 식의 마인드라면 회사 구성원으로 일하는 것을 포기하는 편이 낫다. 회사의 구성원이 된 이상 한 분야만 바라보고 있어서는 안 된다. 언제 어떤 일을 하게 될지 모르기 때문이다. 처음에는 영업직이었다가 경리직으로 바뀔 수도 있다.

경제학에 '비교우위 이론'이라는 것이 있다. 간단히 말하면, 무역을 자유화하여 각 국가가 자신 있는 산업에 힘을 쏟아 국제적으로 분업하는 것이 전체적인 생산성을 높일 수 있다는 이론이다. 비교우위 이론을 알기 쉽게 설명하는 한 사례가 있다. 바로 '아인슈타인과 비서는 일을 어떻게 나누면 좋을까?' 하는 것이다. 아인슈타인은 상대성 이론을 제창한 세계적으로 유명한 물리학자다. 그가 설령 비서보다 타이핑이 능숙하더라도 이 일은 비서에게 맡겨야 한다. 아인슈타인이 타이핑하는 시간을 연구에 활용하는 편이 더 높은 성과를 올릴 수 있기 때문이다. 더구나 아인슈타인이 타이핑을 비서에게 시킴으로써 비서는 일자리를 얻을 수 있다. 세상은 일의 연쇄를 통해서 모두가 먹고사는 것이다. 그러니 시킬 만한 일은 시켜야지 본인 스스로도 잘하는 일을 특화시킬 수 있다.

일을 시키지 못해서가 아닌 모든 일을 직접 완결하려고 하는 사람도 있다. 이런 부류의 사람은 본인 스스로 아인슈타인이 아니라는 것을 깨달아야 한다. 일의 수행능력 면에서 앞으로 속속 들어오게 될 젊은 후임 사원에게 언젠가는 따라잡힐 운명에 처해 있다. 세계적인 기업, 특히 대기업일수록 일을 능숙하게 분배하면서 프로젝트를 추진해 나가는 인재를 찾는다. 이런 흐름을 보더라도 혼자 모든 것을 처리하겠다고 일을 떠안는 방식은 한참이나 뒤처지는 태도다.

일을 혼자 떠안으면 어떻게 될까?

당연히 스트레스가 쌓인다. 스트레스가 쌓여도 절대 다른 사람에게 시킨다는 생각을 하지 못하고 어떻게든 그 일을 혼자서 끝까지 해내려 하기 때문에, 책을 통해 효율적인 업무 완수 스킬을 익히려는 사람도 있다. 일에 우선순위를 매긴다거나 아침 일찍 출근하는 식으로 난관을 헤쳐 나가려는 타입이다. 성실한 태도야 더없이 훌륭하지만 근본적인 해결책은 아니다. 지켜보는 주변에서는 다른 사람에게 도움을 요청해서 함께 처리하면 되지 쓸데없이 혼자 다 하려고 할까 의아해한다. 이 딜레마에서 빠져나오려면 자기가 하지 못하는 일은 자신보다 더 잘할 수 있는 사람에게 시키는 요령을 익혀야 한다.

누가 회사에 설사를 쌌나?

'설사'라는 용어를 실제로 들어 보았는가?

많은 직장인들은 '일을 하는 것'보다 '일을 시키는 것'이 훨씬 더 쉬울 거라고 생각한다. 그리고 그런 역할을 하는 것을 직장 생활의 로망으로 여기기도 한다. 왜냐하면 선배나 리더라고 불리는 사람들, 그저 자리에 앉아서 정보만 전달해 주며 무위도식하는 메신저Messenger의 역할을 하는 사람들이 회사 생활을 하다 보면 실제로 존재하기 때문이다.

업무라는 것은 대개 위에서 아래로 흐르는 소화기관과도 같다. 즉 사장이 임원에게로, 임원은 팀장에게로, 팀장 및 선배는 구성원 혹은 후배에게로 말이다. 가장 이상적인 업무 지시의 흐름은 위에서 아래로 핵심 내용과 정보가 같이 전달되는 것이다. 이어달리기에서 바통만 넘겨주는 것처럼 업무에 대한 고민 없이 아래로 전달만 하는 행위는 스스로 소화작용 없이 먹은 것을 그냥 아래로 쏟아내는 것과 같기 때문에 '설사'라고 빗대어 표현해 봤다.

업무 지시는 하위 단계로 내려갈수록 더 구체화되어야 한다.
왜냐하면 하위 단계로 내려갈수록 사람들은 더 경험이 적어지고,
더 많은 지식을 필요로 하기 때문이다.

'설사'를 하지 않으려면 업무를 시키기 전에 꼭 고민하는 시간을 먼저 가져야 한다. 이 시간은 좋은 업무 지시를 위한 사전 작업을 하는 시간을 말하는 건데, 길지 않게 약 10분 내외의 짧은 시간이라도 사전 작업을 하는 것과 안 하는 것에 차이는 크다. 이 차이는 엄청나서 업무 생산성을 높이는 데 정말 큰 기여를 하고, 업무를 받는 상대방 또한 당사자에 대한 존경심과 고마움이 생기게 한다.

만약 즉흥적으로 업무 지시를 한다면 어떻게 될까?

웬만한 천재가 아니라면 애드리브로 업무 지시를 완결성 높게 하기는 어렵다. 순간순간 머릿속을 스치며 떠오르는 내용으로 업무 지시 대화를 진행하는 장면에서 당사자의 모습은 우왕좌왕, 뒤죽박죽, 주절주절로 보이게 된다. 정말 모양 빠지는 모습이다. 일 시키는 사람부터가 헷갈리면 일하는 사람은 얼마나 당황스러울까? 솔직히 단언컨대 설사 같은 업무 프로세스에 환멸을 느끼면서 퇴사가 마렵다는 이들이 많다.

누구나 처음부터 업무 지시를 잘하지는 못하는 것이 당연하다. 어제보다는 조금 더 업무 지시를 잘할 줄 아는 사람으로 바뀌면 되는 것이다. 앞으로 어떻게 지시하면 좋을지에 대한 5가지 방법을 소개하겠다.

1) 일의 배경Background 알려주기

상대가 일을 잘하게 하려면 그 일의 '본질'이 무엇인지 파악해야 한다. 따라서 후배에게 어떤 업무Mission를 줄 때는 그 업무의 배경을 먼저 설명해 주어야 한다. 바다가 무엇인지 모르는 어린아이에게 바다 위에 떠 있는 배를 그리라고 하면 그릴 수 있겠는가? 이 일이 후배에게 도달하게 된 이유와 히스토리를 간략하게 먼저 설명해줘야 어떤 맥락과 관점에서 일을 해야 하는지 파악할 수 있다. 이는 '동기부여Motivation'와도 관련되어 있다. 사람은 누구나 의미 있는 일을 하고 싶어 한다. 이 일을 해야 하는 이유와 배경지식을 알려준다면 내가 이 퍼즐의 완성본에서 어떤 부분을 채워 나가고 있는지 알게 될 것이다. 그렇다면 받은 일을 좀 더 즐겁고 적극적으로 해낼 수 있을 것이다.

2) 일의 최종 목적지를 명확하게 알려주기

일의 배경을 설명해 주는 것도 중요하지만 여기에 너무 몰두해서 최종 목적지를 모호하게 알려주고 끝내는 경우가 가끔 발생한다. 후배나 팀원들에게 일을 시킬 때는 자신이 원하는 결과물의 모습이 있을 것이다. 만약 스스로가 이 일의 최종 목적지가 확실하지 않은 상태에서 일을 시키면 그 결과물이 마음에 들 리가 없고 정확한 가이드도 주지 못할 가능성이 크다. 따라서 반드시 내가 원하는 최종 목적지나 완성본의 모습을 명확하고 분명하게 알려 주어야 한다.

3) 원하는 보고 형식이 있다면 알려주기

일을 시킬 때 최종 목적지의 모습과 원하는 형식이 그려질 것이다. 형식을 완벽하게 잡아줄 수 없고 지나치게 형식에 집착해서도 안 되지만 결과물의 보고 형식이나 구조의 기준을 알려 준다면 일의 속도와 효율이 훨씬 좋아진다. 서로 약속된 형식이 있다면 결과물에 대한 이해가 좀 더 쉬워질 것이고 이 일의 최종 결과물의 모습이 명확해진다. 나름 자율성을 부여한다고 "형식은 자유롭게~"라고 지시하는 상사가 있는데 이는 후배 입장에서 오히려 혼란스럽고 지시자와 보고자 간의 관점이 다를 수 있기 때문에 커뮤니케이션이 더 어려워질 수 있다.

4) 일의 데드라인 설정하기

모든 일에는 데드라인이 있어야 한다. 데드라인을 설정해 주지 않는다면 팀원이나 후배 입장에서는 일의 우선순위를 정하기가 매우 애매해진다. 또한 데드라인이 없다면 당연히 집중력이 떨어질 수밖에 없다. 급한 일이 아니더라도 대략 언제까지 이 일을 끝내야 하는지 알려 주어야 한다. 데드라인 설정 시 중요한 것은 정말 긴급한 일이 아닌 이상 팀원 혹은 후배가 현재 진행하고 있는 일의 우선순위를 알려주는 것이다. 만약 내가 지시한 일보다 더 중요한 일이 있다면 그것을 고려하여 데드라인을 설정해야 한다. 슈퍼 엘리트 후배가 있어 눈빛만 봐도 척 하고 일을 해오는 후배가 있으면 좋겠지만 모든 후배가 그럴 순 없다.

너무 바빠 팀원이나 후배들에게 지시하는 일을 자세하게 설명할 수 없을 수도 있다. 그런데 지시하는 일에 대해 명확하게 설명하지 않았는데 놀라운 결과물을 바라는 것은 모순이다.

5) 계속 관찰하고 정기적으로 피드백하기

일의 성격에 따라 일주일 혹은 2주 단위로 한 번씩 상대를 만나 업무의 진행 상황을 체크하고 어떤 애로 사항이 있는지, 무엇을 어떻게 지원할지, 기존의 업무 수행 계획을 변경할 필요가 있는지 등을 확인하고 피드백을 해야 한다. 여기서 주의점은 너무 자주 아무 때나 피드백하면 팀원들은 리더가 지나치게 간섭한다고 느끼고 자신들을 신뢰하지 않는다고 여긴다. 팀원들이 업무를 제대로 하지 못한다고 생각되더라도 가능한 한 정해진 시간에 피드백하는 것이 좋다.

아직도 '일을 시킨다' 하면 우리 사회에서 부정적인 이미지가 강하다. 아마도 사회에 부정적인 이미지를 갖게 만든 것은 기성사회에서 이어달리기의 바통 떠넘기기를 당했기 때문일 것이다. 하지만 조직은 혼자 만들 수도 없고, 혼자 해서도 안 되는 것이므로 상황에 맞게 누군가에게 시키는 것은 어쩔 수 없는 일이다. 요즘 세대 친구들이 회사 생활에 대한 만족감을 정하는 최고의 기준은 바로 '내가 성장할 수 있는가?'이다.

'나는 성장하고 있는가?', '앞으로도 성장할 수 있는가?'에 대한 답을 얻는 장면은 "내가 어떤 일을, 왜 하고 있는가?"에 대한 질문을 던질 때이다. 사람은 자신이 하는 일을 통해서 자존감을 느낀다. 결국 선배가 부여한 일을 후배가 어떻게 받아들이는지가 그의 자존감에 많은 영향을 미칠 수밖에 없다. 앞으로 정체된 조직이 아닌, 성장하는 조직 안에서 인정받고 싶다면 기존에 '자신이 겪었던 부조리함, 불합리함의 대물림'을 내 선에서 끊어주겠다는 사명감에서 출발해야 한다. 역습된 이기심, 개인성을 강조하는 시대가 계속되면서 지난 30년간 한국의 공감능력은 40%가 떨어졌다고 한다.

나 때는 그렇게 살아왔다고 해서, 앞으로 후배들도 계속 그렇게 살아야 한다는 고정관념을 제발 버려야만 진정 본인이 회사에서 존경과 인정을 받을 수 있다는 사실을 잊지 말아야 한다.

05

일 잘하는 후배 만들기 프로젝트

모두가 잘 알고 있는 사실이지만 업무를 지시받은 후배는 바로 뚝딱뚝딱 성과물을 만들어내지 못한다. 특히나 업무 경험이 많지 않은 주니어급의 후배일수록 더욱 그렇다. 업무수행 과정 중에 후배들이 힘들어하는 점은 그들의 입을 통해서 나오지 않는 경우가 많다. 후배가 당당하게 선배에게 "저 ○○ 때문에 힘들어요!"라고 쉽게 말하지 못해 혼자 끙끙대는 경우가 허다하다. 사실 그들도 선배 눈치가 보이는 것이다. 현실적으로 후배를 가르치다 보면 자기 업무시간을 많이 뺏기게 되고, 나중에 보면 후배는 퇴근하고 선배는 야근하면서 원래 자기가 해야 했던 오늘의 업무를 하고 있을 수도 있다. 이런 예측을 하면 모든 선배들은 귀찮아서라도 상황을 피하고 싶어진다.

결국 후배들은 방치되어 버리고, 그들의 어려움은 업무과정 속에서 잦은 실수, 늦어지는 일정, 수동적 모습, 계속되는 야근, 어두운 표정

등으로 어려움이 묵언되어 표현될 수밖에 없다. 하지만 장기전으로 보았을 때 업무수행 과정에서 선배의 '방치'라는 행위는 '후배의 업무수행 과정에 신경 쓰지 않는 것'을 넘어서 선배의 부족한 행동으로 구분하여 깊게 들여다볼 필요가 있다.

1) 중간 과정에 대한 관리와 관심 부족

업무는 예정대로 잘 진행되고 있는지, 후배는 무엇을 가장 힘들어하는지, 어떤 것이 장애물이 되는지 확인하고 제거해 주어야 한다.

2) 적절한 재지시[Reorder]와 지원 부족

업무 진행 과정에서 예정을 벗어난 변수가 있는 경우에는 새로운 추가 지시와 이에 필요한 지원이 제공되어야 한다.

3) 후배 역량에 대한 인식 부족

후배의 역량 수준이 업무를 수행함에 있어 충분한가를 지속적으로 확인해야 하며, 필요한 경우에는 지식과 스킬을 개발할 학습기회와 자원을 제공해 주어야 한다.

4) 중간 대화의 부족

선배와 후배가 업무와 관련한 공식적, 비공식적 대화를 진행함으로써 일방적인 관찰이 되지 않도록 해야 하며, 후배의 이야기와 속내를

들을 수 있는 기회를 마련해야 한다.

이러한 선배의 중간 관리의 부족은 결국 업무 성과의 질을 낮추게 되며, 후배의 업무 의욕에 치명타를 입히게 된다. 좋은 선배라면 후배들이 겪게 되는 업무수행 과정의 어려움을 관망하지 않고 직접 개입하여 시의적절한 도움을 주어야 한다.

그렇다면 언제 어떤 도움을 주는 것이 시의적절한 것일까?

업무를 수행하는 후배의 진척상황은 보통 3가지 단계를 거치면서 진행된다. 여기에는 두 가지 요소가 변인으로 작동하게 된다. 하나는 '방법Skill을 아는가?'이고, 나머지 하나는 '자신감/의욕Will이 있는가?'이다. 후배는 업무수행 과정 중, 이 두 가지 요인의 수준이 바뀌면서 3단계를 순차적으로 겪게 된다. 각 단계별 후배의 특징과 함께 선배가 해야 하는 바람직한 중간 관리의 방법을 제시해 보겠다.

[1단계] 방법은 모르지만 자신감은 높은 초보자 단계

"뭐든지 잘할 수 있습니다."

"뭔지는 잘 모르겠지만, 일단 열심히 해 보겠습니다."

후배의 성숙 1단계

구분	업무방법/스킬	의욕/자신감
상태	모르는	해 보고 싶은

업무수행 과정에서의 첫 출발 단계로 마냥 열심히 뛸 수 있는 마음은 하늘을 찌르지만 구체적인 실행방법은 모른다. 대게 후배들은 업무수행의 방법을 정확히 모르고, 자신감만 충만한 단계에서 업무를 시작하게 된다. 마음속으로는 무엇인지 잘 몰라도 일단 열심히 해 보겠다는 생각이 가득하다. 이 자신감은 아직 정확한 업무를 모르고 현실의 어려움을 모르는 상태에서 온다.

이 단계에서 선배는 후배에게 부족한 업무 방법과 스킬을 채워주는 노력을 제공해 주어야 한다. 업무를 정확하게 알려주고 불필요한 시행착오를 줄여 주어야 하며, 업무에 대한 장애 상황과 어려움을 알려주어 과도한 자신감을 일부 잠재워주어야 한다.

1단계에서 필요한 선배의 행동은 다음과 같다.

- 업무과제에 대한 정확하고 구체적인 설명
- 상세추진계획과 우선순위의 구별
- 상세한 가르침과 시범
- 이해 여부 체크
- 예상되는 장애물과 대처 방법
- 지속적인 중간 진행 상황 모니터링
- 업무 결과의 구체적인 이미지 제공

1단계에서 선배의 대화 멘트는 다음과 같다.

- "아직 이런 업무를 해 본 적이 없지?" (경험이 없음을 확인해보기 위한 질문)
- "내가 방향/자원/정보를 제공해 주면 도움이 되겠지?"
- "~을/를 ~까지 해야 해."
- "이 단계를 마치면 다음 단계는 ~이/가 있어."
- "구체적으로 해야 할 일은…."
- "만나 보아야 될 사람은…."
- "필요하다면 ~을 참고해."
- "다음번 대화 때에는 ~을 확인하는 시간으로…."
- "(이해를 확인하는 차원에서) 지금까지 들었던 것을 다시 한번 요약해서 설명해 줄래?"

[2단계] 방법도 모르겠고 자신감도 꺾이는 방황의 단계

"막상 해 보니까 쉽지 않아요."

"어떻게 해야 할지도, 잘 해낼 수 있을지도 모르겠어요."

후배의 성숙 2단계

구분	업무방법/스킬	의욕/자신감
상태	혼란스러운	꺾이는

누구나 현실의 벽에 부딪히게 된다. 후배는 멋모르고 일단 시작했지

만, 실제로는 마음같이 쉽지 않다는 점을 알게 되면서 자신감이 한풀 꺾이게 된다. 약해진 자신감에 더하여 이제까지 업무에 대한 정확한 방법이 덜 숙지되었다는 사실은 2단계에서 후배가 느끼는 스트레스를 더욱 높여버리게 된다.

업무 방법도 정확히 모를뿐더러, '내가 정말 잘할 수 있을까?' 하는 의구심 때문에 심리적으로 바닥을 치는 경우도 있다. 이 경우 선배는 업무수행에 필요한 추가적인 방법과 Tip을 제공해 주어야 하며, 현실의 벽에 잠시 멈춘 후배의 마음을 어루만져 주어야 한다.

2단계에서 필요한 선배의 행동은 다음과 같다.

- 명확한 업무 목표의 재안내
- 업무과제의 중요성 각인(업무과제가 왜 중요한지, 어떻게 해야 하는지)
- 성공과 실패에 대한 정확한 원인 분석
- 후배의 우려사항에 대한 논의
- 잦은 관심
- 일정 부분의 진척사항에 대한 칭찬
- 격려와 조언
- 이후 단계의 액션 플랜 및 예상 리스크와 해결방안

2단계에서 선배의 대화 멘트는 다음과 같다.

- "걱정되는 부분은 없어?"

- "아직까지는 배우는 단계니까…."
- "~ 하기 위해서 가장 먼저 해야 할 일은 무엇이라 생각해?"
- "도움이 될 정보, 사례를 들자면…."
- "나 같으면 ~ 할 것 같아, 어떻게 생각해?"
- "필요하면 ○○은 내가 도움을 줄게."
- "처음 생각했던 것보단 어렵다는 것을 잘 알고 있어, 포기하지 말고…."
- "자주 만나서 얘기하자."

[3단계] 방법은 익숙해졌지만, 아직 확신이 서지 않는 단계

"어떻게 해야 하는지 어느 정도는 알고 있어요."

"근데 정말 제가 잘하고 있는 것인지는 모르겠어요."

후배의 성숙 3단계

조심스러운	업무방법/스킬	의욕/자신감
상태	터득하기 시작하는	꺾이는

3단계가 되면 후배는 이제 자신감을 일부 되찾고 열심히 노력하면서 업무의 수행방법을 터득하기 시작한다. 이제 어느 정도 업무수행의 감각도 생기고, 어려움이 있어도 스스로 해결을 할 수 있는 단계가 되지만, 아직은 내가 정말 잘하고 있는 것인지에 대한 의구심이 남아 있다.

혼자서 훨훨 날아다니는 단계는 아니라는 것이다. 후배는 업무가 점점 진척되어 가고 있는 모습을 보이지만 정말 이렇게만 하면 되는지, 내가 잘하고 있는 것인지의 조심스러움이 아직 있다. 그리고 업무를 하는 중간 과정에서 시간이 흘러서 내가 왜 이 일을 해야 하는지, 이 일은 왜 중요한 것인지의 연결고리가 약해지면서 업무 몰입도도 하락할 수 있다. 이 경우에 선배는 떨어지는 후배의 자신감을 높여주고, 끝까지 최선을 다하도록 도와주어야 한다.

3단계에서 필요한 선배의 행동은 다음과 같다.

- (작은) 실패에 대한 용인
- 현재까지의 결과물에 대한 가치 부여
- 스스럼없이 선배에게 다가설 수 있는 기회
- 후배의 근심에 대하여 논의하고 감정을 공유할 수 있는 기회
- 과제를 끝까지 후배 스스로 완수하기 위해 필요한 지원과 격려
- 과제수행에 방해가 되는 장애물 사전 제거
- 업무수행 지연을 막기 위한 신속한 의사결정

3단계에서 선배의 대화 멘트는 다음과 같다.

- "업무가 어떻게 진행되고 있어?"
- "업무가 회사와 너에게 모두 중요한 이유는…."
- "함께 되짚어 볼까?"
- "어떤 점이 잘되고, 어떤 점이 잘 안 되고 있지?"

- "어떻게 하면 제일 좋을 것 같아?"
- "실무자의 의견이 더욱 현실적이라고 생각해."
- "내가 어떻게 도와줄까?"
- "좋아! 계속해서 그렇게 해줘."
- "측면에서 너의 장점을 잘 활용하고 있다고 보여, 특히 이번에 두드러지게 잘한 점은…."
- "어떻게 하면 더욱 신이 나서 일할 수 있을까?"
- "언제든지 도움이 필요하면 얘기해."

지금까지 후배의 업무 성숙 3단계에 맞추어 도움을 주는 방법을 소개해 보았다. 이것이 바로 시의적절한 선배의 중간 관리이고, 후배가 향상되어 가는 과정이다. 그 과정에서 인내심과 관심을 가지고 차근차근 이끌어 주는 것이 좋은 선배의 역할이다.

선배는 자신이 해줄 수 있는 사안이 무엇인지 고민하고, 충족시켜주려 노력해야 한다. 어쩌면 선배 입장에서는 후배가 귀찮을 수도 있지만, 사랑이 사랑을 낳고, 호감이 호감을 낳으며, 존경심이 존경심을 낳는 법이다.

후배가 일과 친해지면 성과에 대한 욕심이 생기면서 일 속에서 성장하게 될 거고, 성장한다고 느낄 때 회사가 즐겁고 일이 재밌다고 느끼게 된다. 그러면 다시 또 일을 통해 성장하게 된다. 후배의 업무 상황을 잘 지켜보면 그 일과 친해질 수 있도록 도와줄 수 있는 기회들이 은

근히 많다는 것을 알게 된다. 이러한 선배의 노력을 통해 회사 생활 속에서 후배가 가진 다양한 욕구를 충족시켜 준다면 회사를 다니는 것이 즐거워질 수 있지 않을까?

선배는 후배들을 옳은 방향으로 이끌어 주고, 옳은 일을 할 수 있도록 하여 후배들이 최대한 빨리 성장하게 만들어야 하는 책임을 가진 존재이다. 후배를 통해서 성과를 내야 하는 모든 사람은 이 책을 보면서 내가 '좋은 선배의 모습'을 가졌는지 또는 일부 바람직한 모습을 그동안 간과하지는 않았는지 꼭 한번 생각했으면 좋겠다.

지금의 후배들은 당하고만 있지는 않는다. 그들은 나쁜 선배에게 당하고 짓밟히면 보이지 않는 칼을 갈고 있다가 결정적일 때 그 칼로 둘 사이의 악연緣을 잘라버릴 것이다. 퇴사를 통해서 악연을 잘라버리든 그 선배에 대해 혹평을 하든, 어떻게 해서든지 다시 돌려준다. 실제 리더급 승진과 인사발령 때는 주변의 동료와 후배의 평가가 많은 영향을 미친다. 반면 후배들은 은혜를 받고만 있지도 않는다. 훌륭한 선배의 모습을 닮고 배우면서 스스로 발전하고 성장하려고 한다. 그리고 결정적일 때 자신을 키워주고 이끌어 준 선배에게 보답한다. 선배가 새로운 일을 하고 또 다른 도전적인 일을 할 수 있도록 여유를 선사할 것이다.

PART 6

지역농협은
오늘 또 무슨 일을 할까?

勤堂 이명숙

Mobile
010-3005-1961
Email
4langnim@naver.com

● 학력 및 경력사항

- 고려대 명강사 최고위과정 17기 재무국장 / 공저위원장
- 지역농협 재직 중
- 협동조합전문가 이수
- 농촌복지전문가 이수

● 강의 분야

- 농협 조직장 리더십
- 살기 좋은 농촌 만들기

● 자격 사항

- 명강사명강의 1급
- 인성지도사 1급
- 기업교육강사 1급
- 리더십지도사 1급
- 평생교육강사 1급
- 보험전문역

● 저서

- 명강사 25시(공저)

01

프롤로그

그만 들어가 보겠습니다.

누가 퇴근을 한다.

대체 어딜 들어가 보겠다는 걸까.

그가 출근을 한다.

이제 들어와 보겠다는 표정으로.

대체 어딜 들어와 보겠다는 걸까.

어제도 오늘도

궁금하다.

그가 향한 그곳

세상 어느 속일지.

누군가와 얼음과자를 먹고 있을 때, 전통시장 상인들과 맞장구칠 때, 농촌 일손 돕기 중에 샛밥 먹는 모습, 농협 조합원들과 인스턴트 커피믹스 한 잔 마시는 사진, 그리고 산업단지 수용 전 시골집 대문 앞에서 강아지와 한 컷, 아버지께서 요양원에서 외출하셨을 때 우리 집이었을 곳에서도 사진을 찍었습니다. 마치 다큐 제작사의 카메라맨이라도 된 양 기회가 되면 습관처럼 찍고 또 찍기를 거듭한 게 아니었나 싶습니다.

돌이켜보니, 제가 '일상사'라 이름하는 저의 일상의 사진은 정작 작은 시골집이 부끄러워 찍지 못했고, 아버지의 치매로 가족들이 괴로워해 찍지 못했다는 등의 핑계를 대려 합니다. 그러다 시골 동네가 산업단지로 수용되어 더 이상 머물 수 없게 되었고, 아버지 기억 속에서 가족까지 지워져 가는 것이 정말 마음 아팠습니다. 농협에 오시는 조합원님 중 연세가 많아 한동안 뵙지 못하고 지내다 보면 갑작스레 안타까운 소식이 들려올 때가 있었는데, 그때마다 우리 아버지 같으시겠구나, 혹은 우리 아버지도 그러시겠지 할 때가 있었습니다. 소중한 이웃과의 소소한 일상이 시간이 지나며 알 듯 말 듯 점점 잊히는 게 힘들었고 슬펐나 봅니다. 저의 일상사는 그렇게 시작되었습니다.

동네 어르신들이 삼삼오오 계시거나, 회관에서 심심풀이 화투라도 치려 모이시거나, 또는 농협에 오셔서 농자재 같은 것을 사 가실 때나

논밭에서 서로 마주하기라도 할라치면 찰칵, 찰칵, 사람들이 뭘 그렇게 찍냐고 부끄럽다며 손사래 치는 것도 잠시, 어느새 손은 허트를 하고 계시는 모습을 보면 유쾌함이 마구마구 피어올랐습니다.

스쳐 지나는 듯한 평범한 일상이지만 결코 평범할 수 없는 이들과 함께하는 시골 농협 인생 맛집으로 초대합니다.

02

가정의 달 5월은 기대를 심는 달

매년 5월 가정의 달에는 전국적으로 다양한 행사와 축제의 장이 마련된다. 겨우내 얼어붙은 영하의 땅에서 추위를 견디며 꽃 피울 준비를 하던 야생초도 봄의 향연을 펼친다. 농부들은 이른 아침 일을 나서고 날씨에 따라 움틀 농작물 준비를 하느라 분주하다.

엊그제 어머니와 함께 농자재마트에서 고구마 싹을 300포기가량 사서 아파트 베란다 그늘진 곳에 두었다. 바로 심는 것보다 2~3일 후에 심으면, 고구마 싹이 물을 빨아들이려 땅에 더 잘 파고든다는 거였다. 그 힘이 강할수록 살아남을 확률이 높다고 한다. 300포기 정도면 4개월여 후인 9월 초순에 수확해 지인들과도 나눌 수 있어 좋겠고 채식을 주로 하는 우리 식구가 아침 식사 대용으로 한 철 겨우살이를 할 수 있을 양이다. 사실 그 정도면 농사를 직접 짓지 않더라도 사서 먹는 편이 더 나을 수도 있을 터였다.

아파트에 입주해 살면서 농사짓기는 여간 번거로운 것이 아닌 게 되었다. 밭에 로터리 작업을 하고 밭이랑을 만들어 필름을 씌워줘야 한다. 더구나 우리 집에는 농기계 따위가 없어 그에 대한 면적당 농작업 비용을 지불하는데, 고맙게도 친환경 작목반 회장님과의 평소 친분 때문인지 일부러 찾아와 작업을 해주는 거였다. 이동비도 남지 않을 작고 보잘것없는 채마밭을 말이다. 또한 수작업으로 시비도 하고 제초 작업도 해야 할 거였다. 물도 20L 통 3개로 두어 번가량 담아 옮겨 가야 한다. 밭고랑에 쪼그리고 앉아 2시 방향으로 고구마 싹을 꽂고 물을 흠뻑 준다. 그나마 비 예보에 맞춰 심으면 물 주는 일은 하늘이 알아서 해줄 테니 번거로움 피할 수 있길 기대한다. 이렇게만 되면 그해 고구마 농사는 풍년이다. 2~3일 후에 가보면 씩씩하고 의젓한 고구마잎을 확인할 수 있을 테다. 그러고는 뿌리에 바람이 들지 않고 이파리가 필름에 직접 닿지 않게 흙을 덮어줘야 한다. 고구마 줄기 식재 하나하나로 온몸이 흙투성이라 아파트 입구에 들어서기 전 별도로 챙겨온 옷과 신발로 갈아 신는다.

7년 전만 해도 우리 집의 농사 풍경이 요즘과는 많이도 달랐다. 70대 초반의 아버지가 동트기 전부터 경운기에 1톤 되는 물통 2개에 물을 받으면 흰색 털의 '메리'는 아버지를 따라다니느라 바빴다. 어머니는 농자재창고 옆에 있는 작은 채마밭에서 상추와 파를 뜯고 두릅순을 채취하여 된장에 아침상을 준비하셨다. 외손주는 아직도 한밤중일 게다. 고구마 작목반에 한 달 전 예약한 1,500포기의 싹은 미리 찾아두었고, 아들이 운전할 피복기와 딸이 쓸 북호미와 배색의 필름 멀칭, 농작업용 의자도 준비하였다. 계획대로라면 날이 뜨겁기 전에 고구마 심는 일을 마치고 내일은 고추를 심을 것이다. 낮 시간이 허락하면 못자리 논도 한 번 둘러볼 것이다. 보름에서 스무날 후면 논에 모도 심어야 하니 5월의 하루해는 짧기만 하다.

23년 5월 개발단지 근처에서 고구마 심는 어머니 주변으로 아파트 분양하우스가 보인다

03

우리 동네가 대한민국에서 2번째로 조성된 테크노폴리스?

충청북도 청주시 흥덕구 강서2동 자연부락(송절동、문암동、화계동、외북동、내곡동、상신동、원평동) 일대에 들어선 산업단지로 정식 명칭은 청주테크노폴리스이다. 기업과 주거가 함께 있는 복합도시로, 청주테크노폴리스(이하 청주TP) 조성사업은 청주시의 100년 먹거리를 만들겠다는 취지로 추진되었으며, 대한민국에서 2번째로 조성된 테크노폴리스다. 전체면적은 3,797,857.5㎡ 규모이며, 1공구 기간 2007년~2017년, 2공구 기간 2007년~2020년, 3공구 기간 2007년~2024년으로 2007년 착공하여 2024년 완공 예정이다. 총투입 비용은 2조 1,584억 원가량이다. 수용인구 29,412명/10,385세대로 단지 내 상업시설, 주거 및 교육시설, 강서2동행정복지센터 등이 조성되어 있다.

출처 나무위키

아버지와 어머니가 가정을 이루어 70여 년을 흙내음을 맡고 살아오신 곳, 내가 태어나 40여 년을 살아왔던 곳, 이곳은 그린벨트로 묶여있어 그동안 개발은 먼 동네라고만 생각했던 고향의 땅이다. 2007년부터 사업지구 변경과 확장을 추진하면서 동네 사람들은 하나둘씩 이주를 하기 시작했다. 1940년 강서공립국민학교 부설 내곡 간이학교로 설립 후 1943년, 그러니까 아버지가 태어나신 해에 교명을 개정한 만큼 오랜 전통이 유지되고 있는 내곡초등학교도 이전을 했다. 2019년 당시 전교생 60여 명의 내곡초등학교는 현재 사업지구로 변경 이전하였다. 나의 근무처였고 생활 터전이던 농협지점도 2021년도에 폐점을 했다.

우리 가족은 3대가 내곡초등학교를 다녔다. 학교까지의 거리는 300m 남짓, 그 사이에 농협과 동사무소가 있었다. 나의 딸 시애(時愛) 예은이가 학교에 다니려면 걸어서 10분이면 충분한 거리다. 그렇지만 보통은 30분~1시간은 족히 걸린다. 동네 분들과 얘기도 해야 하고, 이웃 할머니께 대추, 자두, 오가피순 등도 따 달라고 하여 먹으며 다니니 말이다. 동사무소의 나무 정자 아래에서 쉬었다 가려면 버스에서 내리는 동네 어르신과 인사도 나눠야 하겠고, 방앗간에 들러 고소한 가래떡 한 가래도 먹고 농협에서 일하는 엄마 얼굴도 본다. 그러면 함께 일하는 이모 삼촌들이 맛나는 과자도 사주고 마당에서 한바탕 놀아주기도 하는데, 곧 공동육아 마을이라 이름해도 되지 않을까?

시애는 어느 집에 누가 사는지를 잘 알고 있기에 우리 마을 구조에도 익숙하다. 통장님 집, 서울에서 이사 온 서울 할머니, 2층 집에 사는

2층 할머니, 방앗간 사장님, 동사무소 이모와 삼촌들과도 자연스레 친해졌다. 심지어 초등학교는 학생 수도 적었기에 급식소 선생님부터 교장 선생님에 이르기까지 그야말로 또 다른 확대 가족이라 하고도 남을 정도가 되었다.

이런 일이 있었다. 동네에서 정월 초가 되면 주로 농부들 사이에서 행해지던 우리 민족 고유의 민속 중 하나인 풍물을 하며 마을의 안녕을 기원하고 윷놀이 판을 벌이기도 한다. 어느 날인가 농협 앞마당에서 많은 사람이 풍물 연습을 하는데 옆에서 시애가 장구를 치고 다니더라는 얘기의 에피소드였다. 한 아이를 키우려면 온 마을이 필요하다는 아프리카 속담이 절로 떠오르게 하였다.

2017년 테크노폴리스지구로 이주 전 내곡초등학교에서

04

선상님,
선상님은 누구시래유?

지난해 가을 어느 주말이었다. 아파트 베란다에 내리는 햇살이 따사롭기만 했다. 다행이라는 안도감과 함께 요양원에 계신 아버지의 외출 시기가 더 늦어지기라도 하면 감기에 걸리기 십상일 거란 생각이 들게 한 날이었다. 단감을 좋아하시는데 이가 불편해 부드러운 월하감 홍시를 준비했다. 닭백숙을 푸욱 익혀서 잇몸으로 드실 수 있게도 준비했다. 부드러운 백설기 빵과 고구마케이크를 샀다. 시애는 할아버지 입주(?) 기념으로 벽에 풍선과 미니가랜드 장식을 하느라 분주하였다. 3년 만이다. 테크노폴리스단지 이주자인 아버지가 난생처음 이사를 했고 그로부터 이사한 집에 처음 발을 딛게 된 지 말이다.

농협 창구에 방문하시는 어르신 중에 유독 통장과 비밀번호를 자주 바꾸시는 분이 있다. 알고 보면 변경이 아닌 분실이었다. 우리 아버지도 그랬다. 돈이나 소지품을 분명히 여기, 여기에 두었다는데, 아무리

찾으려 해도 찾을 수가 없었다. 그저 노인의 고집으로만 생각하고 대수로이 여기지 않았다. 그때는 정말 왜 몰랐을까? 치매가 이미 진행되고 있다는 것을. 함께 살아도 전혀 눈치를 채지 못했으니 한탄스럽기 그지없을 뿐이었다. 요즘은 예방약이 좋아서 전문 의료기관에서 진료 후에 처방을 받아 꾸준히 복용하면 증상을 지연시킬 수 있다고 한다.

어머니는 아버지를 요양원에 모신 후부터 외부 활동을 하지 않으셨다. 심지어 가족들과 외식도 거부했다. 자식들이 애원해도 소용이 없었다. 다 필요 없다고 하신다. 지아비를 저렇게 만든 사람이 바로 당신이라면서…. 증세가 호전되길 기대하지만, 더 악화하지 않으면 다행이다. 요양원에 입소했을 당시만 하더라도 건강관리 하신다며 운동하고, 머리를 자꾸 써야 한다며 글씨 공부도 하셨다. 어머니는 그 모습이 선하신지 아들이 휠체어를 밀고 있는 모습을 보시더니 한걸음에 내달려 아버지 곁으로 가셨다. 이내 얼굴과 손을 쓰다듬으며 미안하다고, 내가 미안하다고….

생일 파티 끝나고 이내 한숨 주무신다며 안방에 누우셨다. 시애랑 같이 1시간가량 단잠을 청하셨다. 코로나19로 당신의 집에 3년 만에 오셨다. 요양원에서 이제 집에 간다고, 나는 여기 있을 사람이 아니라고, 논밭에 가봐야 한다고 매일 옷을 챙겨 입으셨다는데, 이제야 한 끼 드시고는 당신의 침대에서 눈 한번 붙이셨다. 반나절의 외출이 끝나고 요양원으로 모셔가는 차에서 아버지가 나를 바라보며 물어보신다.

“선상님, 선상님은 누구시래유?”

“예 ~ 이제 집으로 가는 거예요. 편하게 쉬셔요.”

우리는 잘 모른다.

오늘

숨을 쉬고 있다는 사실이

얼마나

위대한 것인지

온전히 땅을 밟고

이 하루를

살아간다는 것이

또한,

함께하는 이들이

얼마나 특별한지를

우리는

잘 알지 못한다.

05

지역농협은 오늘 또 무슨 일을 할까?

내가 몸담고 있는 지역농협의 목표는 초과이윤 확보가 아니다. 원가 경영 운영 원리를 통해 조합원의 복지와 편익을 실현하고 지속 가능한 발전을 도모함이 목적이다. 지역 금융기관의 역할은 물론이거니와 농협에 속해 있는 단체들도 사회에 봉사와 나눔을 실천하며 영위한다. 외로운 노인들의 말벗이 되어주는 행복도우미, 지역 응급처치요원을 자처하여 주민을 위해 안전 지킴이가 되기도 한다. 이민 여성의 안정적인 정착을 위해 1대1 맞춤형 멘토멘티도 운영한다. 일손이 부족한 농번기에는 대학생도 자선활동을 통하여 농가에 힘이 되어준다. 조합원 자녀의 미래 꿈을 위한 장학금 지원도 하고 경로당에 먹거리 나눔을 하기도 한다. 또한 고추장, 된장, 간장 담그는 법 등 여성 조합원의 재능기부로 전통 손맛을 이어 나간다. 우리의 먹거리를 산지에서 소비자 손에 전달하기도 하며, 싱싱하고 안전한 농산물 생산에도 앞장을 선다. 디지털 세상에 맞는 디지털 농법을 육성하며 청년 농부도 양성해 낸다. 고령 농업인을 위하여 영농작업 대행을 하기도 하며, 농촌인력중개사업도 함께 진행한다. 영농기법에 대한 교육과 문화복지 향상을 위한 여러 가지 일을 한다. 주간보호센터 및 요양원을 운영하는 곳도 있다.

농협은 왜 이런 일들을 자체적으로 주관하고 운영해가는 것일까? 다른 은행이나 기업들처럼 최대 이익을 위해 달려가지 않는 것일까? 어릴 적 부모님을 따라가기도 하고 심부름을 다니기도 하면서 보았던 농협의 이미지와 지금의 모습은 정도의 차이가 있을지언정 여전히 지역주민의 사랑방 같은 곳이다. 조합원의 일이 곧 농협의 일이다. 예를 들어 모를 심을라치면 농기계 정비부터 볍씨 종자 구매, 비료, 농약 등이 농협을 통해서야 이루어진다. 그래서 농협은 어린 나에게도 믿을 만한 곳이었다. 가족과도 같은 곳이었다. 할아버지 할머니가 그랬고 부모님 역시 그러했다. 농촌에서 나고 살아가는 사람들, 농촌에서 나고 도시에서 살아가는 사람들 중 농협과 인연이 없는 사람이 과연 얼마나 있을까?

농협은 비단 농촌으로만 국한하지 않고 지역주민 한 사람 한 사람의 희로애락과 함께 성장하는 곳이다. 내 삶의 단면 단면이 녹아있듯 그들의 땀, 눈물, 기쁨, 희망 등을 함께 나누며 가족과 꿈을 키우고 자신의 삶을 영위해가는 곳. 그래서 공익적 사회활동을 자체적으로 주관하고 운영해가는 것이다.

현재 농촌에 당면한 문제는 한두 가지가 아니다. 앞서 언급한 우리 집만 보아도 그 문제들을 모두 갖고 있다는 것을 알 수 있다. 우선 인구 감소와 더불어 심화되는 고령화이다. 70대의 우리 아버지도 치매가 진행되고 있는 줄도 모르고 줄곧 농사일을 하셨다. 당연 농업 생산성은 떨어질 수밖에 없다. 의료 문제도 따른다. 치매는 더 이상 내 가족만의 일이 아니다. 고령화 사회에 수반되는 문제이다. 홀로 지내는 노인들의 외로움 역시 돌봄이 필요하다. 나의 어머니처럼 치매 배우자를 요양원에 모시고 홀로 평생 괴로워하는 사람도 있다. 그들 모두에게 돌봄이 필요하다. 또 아이가 많아야 한 동네에 2~3명뿐이니 보육이나 교육은 너무나도 먼 얘기가 되어버렸다. 공동육아마을은 뜻 있는 부모에 의해 인위적으로 형성될 수밖에 없을 것이다.

지난 21. 12. 24. 농촌 지역 공동체 기반 경제사회 서비스 활성화에 관한 법률안이 발의되었다. 그러나 이 법률안은 아직까지 농해수위에 계류 중이라고 한다. 하루속히 법률로 제정되기 바란다. 이 법률안의 제안 이유는 다음과 같다. 농촌 지역은 시장 기능 약화로 경제·사회 서비스 부족 문제가 발생하고, 돌봄·의료·보육·교육 등과 같은 사회 서비스는 물론, 식당, 가게, 미용실 등과 같은 생활 서비스도 도시에 비해 부족함이 있다.

– 중략 –

이에 농촌 지역 공동체 기반 경제·사회 서비스 활성화에 관한 근거법률을 제정하여 농촌 주민 등이 자조, 자립 및 사회적 책임성을 토대로 자발적으로 농촌 지역의 경제·사회 서비스 부족 문제 등을 해결하는 데 기여할 수 있도록 국가와 지방자치단체는 적극 지원하고, 농촌 지역 공동체의 사회적 책임성에 입각한 주체 간 협력과 연대 및 사회적 약자에 대한 포용이 가능한 따뜻한 농촌을 조성하려는 것이라고 밝혔다.

출처 21. 12. 24. 발의 농촌 지역 공동체 기반 경제사회 서비스 활성화에 관한 법률안 중 제안 이유 중에서

벌의 개체 수가 줄면 생태계가 위협을 받는 것처럼 농촌, 농업이 살아야 우리의 사회·경제도 원활하게 움직이게 될 것이다. 농협이 설립 이래 공익 활동을 꾸준히 해오고 있는 것처럼 국가와 지방자치단체, 지역 공동체들의 협력과 공조가 더욱 필요한 때이다.

06

에필로그

비 예보가 있어 미리 준비하고, 가늠하여 고구마를 심었건만 구름만 잔뜩 끼고 찬 바람만 불었다. 일주일 동안 비는 오지 않았다. 핏기를 잃고 말라가기만 했다. 오가는 사람들이 농사를 어떻게 짓는 거냐고 수군거리는 것 같다며, 얼른 다시 심어야 한다고 어머님의 난리가 장난이 아니었다. 또다시 고구마 싹을 사고 물을 주고를 반복한 끝에 비가 내렸다. 하늘의 축복이 내린 거였다. 이 하루도 '일상사'가 절로 찍히는 날이었으니,

사람이 우선하는
세상이어야 하지 않을까.

내게
큰일이든 작은 일이든
내가
알든 모르든 간에

모든 것의 중심은
사람이어야 하지 않을까.

평범도 비범도 모두가
그 안에
머무르고 있으니.

PART 7

Facebook을 통해서 내 무대를 세계로!

"만나는 사람과 읽은 책은 그 사람의 일생에서 항해사와 같은 역할을 한다."

- 더불어민주당 이재명

이재영

Mobile
010-2632-0949
Email
jaeyoung0314@hanmail.net

학력 및 경력사항

- 고려대 명강사 최고위과정 17기 교육회장
- 한국방송대 경영학과 졸업
- 서울대 사회과학대학 외교학과에 응시함
- 경성입시학원장
- 재영교육학원 대표
- POSCO 근무 5년
- ATOS 주식투자 대표
- 더불어민주당 서울시당 근무했음
- 현)더불어민주당 근무

강의 분야

- 리더십 교육
- 스피치 교육
- 인성지도(학생)

자격 사항

- 인성지도사 1급
- 스피치지도사 1급
- 리더십지도사 1급

저서

- JS교육법
- 국내외 기업들의 분식회계 실태와 피해사례 및 예방책에 관한 비교 연구
- 명강사 25시(공저)

01

세계를 하나로 잇는 Facebook!

2004년 2월 4일 미국 내 마크 저커버그, 에드와도 새버린, 톰 엘리슨이 만든 페이스북은 현재 Meta Platforms, Inc.로 이름을 바꿔 운영 중에 있다. 그 기업 가치는 무려 616조 원에 달한다(4,890억 달러, 2022년 4월 26일 종가 기준).

페이스북이 편리한 점은 인터넷이 연결된 컴퓨터 하나로 전 세계 유명인들을 만날 수 있고 Message를 주고받을 수도 있다는 것이다. 나는 Facebook을 통해서 미국 대통령 Joe Biden을 만나서 2020년 7월부터 인터넷을 통하여 미국 대통령 선거운동에 6개월간 참여한 경험을 갖고 있다. Joe Biden 대통령 후보와 Facebook을 통해서 처음 나눈 대화 내용은 글의 마지막 부분에 넣어두었다. 이처럼 전 세계의 엄청난 정보가 페이스북을 통해서 전달되고 있다. 이제 Facebook이 어떤 기업이고, 우리들은 어떤 서비스를 이용하여 삶의 질을 높일 수 있는지 알아보자.

02

페이스북의 탄생

"Facebook에서 전 세계에 있는 친구, 가족, 지인들과 함께 이야기를 나눠보세요."

페이스북은 앞서 언급했듯이 하버드 대학교 학생 마크 저커버그와 에드와도 새버린이 학교 기숙사에서 사이트를 개설하며 창업하였고, 개설 첫 달에 더스틴 모스코비츠와 크리스 휴스가 동업자로 합류하여 만들어진 소셜 미디어다.

어원은 마크 저커버그가 다녔던 필립스엑시터에서 학기가 시작될 때 친목을 다지기 위하여 학생들의 얼굴과 프로필을 적어 공유하던 책자(출석부)에서 온 것이다. 원래는 하버드 학생들만 이용하던 사이트 'thefacebook'이 아이비리그에서 주변의 학교로 퍼져나가면서 학교 네트워크 사이트로 유명해졌고, 2006년에는 일반 사용자들까지 이메일 주소만 있으면 가입할 수 있도록 확대되었다.

2000년대 중반 이후부터 특히나 서양의 젊은 세대들 사이에서 큰 인기를 끌며 사용자가 기하급수적으로 붙어났으나, 2010년대 중반 이후로 조금씩 쇠퇴하기 시작해서 2021년 이후 지금은 전 세계적으로도 제공권을 인스타그램에 넘겨준 상황이다. 그래도 전체 이용자 중 젊은층 비율이 여전히 높긴 하다. 사용자가 한참 많았던 2010년 전후에는 연락이 끊긴 친구를 찾을 수도 있는 등 이점이 있었다.

03

페이스북에 관한 주요 내용

사용자가 자신의 페이지를 꾸미는 다른 SNS와 달리 페이스북은 전부 프로필 형태가 동일하다. 초기에는 재미없다는 유저도 있었지만, 편리함과 깔끔함 등이 나중에는 장점이 되었다. 또한 사진 관리와 노트 등의 부가 기능이 다른 사이트보다 훨씬 강력하다. 페이스북 안에서 앱이 실행되기도 하는 만큼 확장성도 넓으며 다른 사이트에서 페이스북과 연계해 계정을 만들거나 댓글을 달고 페이스북에 담아갈 수도 있는 등 개방성이 뛰어난 편이다.

한국에서는 10년 넘게 아무 발전이 없던 싸이월드를 대체했다. 스마트폰도 도입되기 전에 피처폰 시절에는 트위터가 '스마트폰 판 싸이월드', '글로벌 싸이월드'인 듯 유행을 했지만, 트위터는 싸이월드 같은 실제 인맥 기반보다는 인터넷상 공동 관심사에 맞춰진 전혀 다른 서비스였다는 것이 밝혀졌다.

트위터는 피처폰에서도 사용이 가능하다는 점 등으로 초창기 대세를 탔다가 이용자들의 착오로 인해 엄청난 사생활 문제들을 쏟아내었고 이후 안정적으로 페이스북이 국민 SNS로 자리잡고 트위터는 본래 역할에 맞는 독자적 이용자층을 형성하였다.

트위터도 마찬가지지만, 페이스북의 사생활 문제는 이용자가 조금만 신경을 쓰면 해결된다. 오히려 트위터에 비해 공개 범위에 대해 상당히 상세한 옵션을 가지고 있고, 외부에서 자신의 타임라인이 어떻게 보이는지 확인할 수 있는 등 조금만 알아보면 보고 싶은 만큼 보고, 보여주고 싶은 만큼만 보여주는 데 능한 서비스다.

새 인맥을 만들기도 매우 쉽다. 친구의 친구 기능을 이용한다든가 해서 그냥 얼굴만 알던 사람과 친구가 되는 경우도 많다. 모르는 사람에 대한 부담이 적은 정서를 가진 미국에서는 더더욱 그러하다. 미국에서는 이미 사회적으로 무시할 수 없는 입지를 가지고 있으며 이제는 미국을 넘어 전 세계적으로 압도적인 영향력을 행사하고 있다. 정치인이나 주요 단체들도 적극적으로 사용한다. 2008년 대선 때 버락 오바마 후보의 인터넷 캠페인에서 페이스북과 트위터가 중요한 역할을 한 것은 유명한 이야기다. 한국에서는 2015년부터 젊은 층에서 기존에 유행했던 카카오스토리를 밀어내고 젊은 층 누구나 쓰는 보편적인 SNS로 등극한다.

04

다른 SNS 대비 페이스북만이 가진 장점이나 특별한 점

1. 대규모 사용자 네트워크: 페이스북은 전 세계적으로 약 30억 명 이상의 월간 활성 사용자를 보유하고 있다. 이는 다른 SNS 플랫폼에 비해 매우 넓은 사용자 범위에 영향력을 행사할 수 있다는 것을 의미한다. 이를 통해 페이스북은 개인과 기업 모두가 다양한 사람들과 연결되고 소통할 수 있는 플랫폼을 제공한다.

2. 다양한 콘텐츠 공유 기능: 페이스북은 텍스트, 사진, 동영상, 링크 등 다양한 형식의 콘텐츠를 공유할 수 있는 기능을 제공한다. 사용자들은 자신의 생각이나 경험을 글로 작성하거나 사진 및 동영상을 업로드하여 친구들과 공유할 수 있다. 또한, 페이스북은 라이브 스트리밍 기능을 제공하여 실시간으로 이벤트나 행사를 공유할 수 있다.

3. 친구 및 그룹 기반 네트워킹: 페이스북은 사용자들이 친구와 가족들과 연결되고 소통할 수 있는 효과적인 방법을 제공한다. 친구 목록

을 통해 다른 사용자들과의 관계를 구축하고 개인 메시지, 댓글, 좋아요 등의 소통 수단을 통해 상호작용할 수 있다. 또한, 그룹이라는 기능을 통해 특정 관심사를 가진 사람들이 모여 활발한 소통과 정보 공유를 할 수 있다.

4. 비즈니스 및 마케팅 기회: 페이스북은 기업들에게 광범위한 마케팅 및 광고 기회를 제공한다. 페이스북 페이지를 통해 기업은 자신들의 브랜드, 제품 또는 서비스를 홍보하고 고객과의 상호작용을 촉진할 수 있다. 또한, 페이스북은 광고 플랫폼을 제공하여 기업들이 정확한 타겟팅과 광고 성과 측정을 통해 효과적인 광고 캠페인을 수행할 수 있다.

5. 다양한 기능과 앱 통합: 페이스북은 다른 SNS 플랫폼과의 통합을 통해 사용자들에게 편의성을 제공한다. 인스타그램, WhatsApp, Messenger 등과의 연동을 통해 사용자들은 한 플랫폼에서 여러 서비스를 이용할 수 있다. 또한, 페이스북은 앱 개발자들을 위한 플랫폼도 제공하여 다양한 앱을 개발하고 페이스북 생태계에 통합할 수 있는 기회를 제공한다.

6. 커뮤니티와 이슈 공유: 페이스북은 사용자들이 다양한 커뮤니티에 참여하고 다양한 이슈를 공유할 수 있는 플랫폼이다. 페이스북 그룹을 통해 특정 관심사나 주제에 관련된 사람들과 소통하고 지식을 공유할 수 있다. 또한, 페이스북은 신문 기사, 블로그 글, 유튜브 영상 등 다른 웹사이트의 콘텐츠를 공유할 수 있는 기능도 제공한다.

7. 개인정보 설정과 보안 기능: 페이스북은 사용자들에게 개인정보 설정과 보안에 관한 다양한 기능을 제공하여 개인정보를 보호할 수 있도록 도와준다. 사용자는 프라이버시 설정을 통해 자신의 정보를 공개 범위에 따라 관리할 수 있다. 또한, 두 단계 인증, 비밀번호 변경 알림 등의 보안 기능을 통해 계정 보안을 강화할 수 있다.

이러한 이유로 페이스북은 대규모 사용자 네트워크, 다양한 콘텐츠 공유 기능, 친구 및 그룹 기반 네트워킹, 비즈니스 및 마케팅 기회, 다양한 기능과 앱 통합, 커뮤니티와 이슈 공유, 개인정보 설정과 보안 기능 등을 통해 다른 SNS와 차별화되고 사용자들에게 특별한 가치를 제공하고 있다.

05

페이스북을 통해 우리 삶의 질을 어떻게 향상시킬 수 있을까?

페이스북은 전 세계적으로 29억 명이 넘는 사용자가 사용하는 소셜 미디어 서비스다. 페이스북을 사용하면 친구, 가족, 동료들과 연결하고, 사진과 동영상을 공유하고, 소식을 공유하고, 게임을 즐기고, 뉴스를 읽을 수 있다.

페이스북을 활용하면 우리 삶의 질을 향상하는 데 도움을 받을 수 있다. 예를 들어, 페이스북을 사용하여 친구, 가족, 동료들과 연결함으로써 사회적 고립을 줄일 수 있다. 또한, 페이스북을 사용하여 새로운 사람들을 만나고, 새로운 문화를 배우고, 새로운 경험을 할 수 있다. 페이스북을 사용하여 뉴스를 읽고, 정보를 얻고, 교육을 받을 수 있다.

페이스북은 소셜 미디어 서비스이기 때문에 사용에 주의해야 한다. 페이스북에서 시간을 너무 많이 보내는 것은 좋지 않다. 또한, 페이스북에서 가짜 뉴스와 선동을 조심해야 한다. 이렇듯 페이스북을 현명하게 사용하면 우리 삶의 질을 향상하는 데 도움을 받을 수 있다.

사회적 고립을 줄이다

페이스북을 사용하면 친구, 가족, 동료들과 연결할 수 있다. 특히, 타국에 거주하거나, 이사를 가거나, 취업 등으로 인해 사회적 고립을 경험하는 사람들에게 페이스북은 소중한 연결고리가 될 수 있다. 페이스북을 통해 사람들은 자신의 근황을 공유하고, 다른 사람들의 근황을 확인하고, 서로 간의 이야기를 나눌 수 있다. 이러한 소통은 사회적 고립을 줄이고, 우울증과 같은 정신 건강 문제를 예방하는 데 도움이 될 수 있다.

새로운 사람들을 만나다

페이스북은 새로운 사람들을 만날 수 있는 좋은 기회를 제공한다. 페이스북을 통해 사람들은 자신의 관심사와 취향이 같은 사람들을 찾고, 친구가 될 수 있다. 또한, 페이스북을 통해 사람들은 다른 나라의 사람들을 만나고, 새로운 문화를 배울 수 있다. 이러한 경험은 우리 삶을 풍요롭게 하고, 시야를 넓혀줄 수 있다.

새로운 문화를 배우다

페이스북은 새로운 문화를 배울 수 있는 좋은 기회를 제공한다. 페이스북을 통해 사람들은 다른 나라의 사람들과 교류하고, 그들의 문화를 배울 수 있다. 이러한 경험은 우리 삶을 풍요롭게 하고, 시야를 넓혀 줄 수 있다.

새로운 경험을 하다

페이스북은 새로운 경험을 할 수 있는 좋은 기회를 제공한다. 페이스북을 통해 사람들은 이벤트에 참여하고, 그룹에 가입하고, 다른 사람들과 함께 활동할 수 있다. 이러한 경험은 우리 삶을 더 재미있게 만들고, 새로운 것을 배울 수 있는 기회를 제공한다.

뉴스를 읽고, 정보를 얻다

페이스북은 뉴스를 읽고, 정보를 얻을 수 있는 좋은 기회를 제공한다. 페이스북을 통해 사람들은 다양한 뉴스 사이트와 언론 매체의 뉴스를 읽을 수 있다. 또한, 페이스북을 통해 사람들은 다른 사람들의 의견과 정보를 얻을 수 있다. 이러한 정보는 우리 삶의 의사 결정에 도움이 될 수 있다.

교육을 받다

페이스북은 교육을 받을 수 있는 좋은 기회를 제공한다. 페이스북을 통해 사람들은 다양한 교육 사이트와 강좌를 이용할 수 있다. 또한, 페이스북을 통해 사람들은 다른 사람들에게 교육을 받을 수 있다. 이러한 교육은 우리의 직업 능력을 향상시키고, 취업 기회를 확대하는 데 도움이 될 수 있다.

페이스북을 현명하게 사용하기

다시 강조하지만 페이스북은 소셜 미디어 서비스이기 때문에 사용에 주의해야 한다. 페이스북에서 시간을 너무 많이 보내는 것은 좋지 않습니다. 신체와 정신의 건강을 위해서라도 적절한 시간 이용하는 것이 중요하다. 또한, 페이스북에서 가짜 뉴스와 선동을 조심해야 한다.

이렇듯 페이스북을 현명하게 사용하면 우리 삶의 질을 향상하는 데 도움을 받을 수 있다.

06

조 바이든(Joe Biden)과의 대화

앞서 이야기했듯 현재 미국 대통령인 조 바이든의 2020년도 제46대 미국 대통령 선거 활동에 도움을 준 경험이 있다. 이는 페이스북 덕분이라 할 수 있다. 페이스북을 긍정적으로 활용하려는 독자들을 위해 조 바이든과의 대화를 일부 게재한다.

아래 내용 중 '보낸 메시지'는 이재영입니다.

Joe Biden

Joe Biden

조영수님 외 친구 30명을 포함하여 965만명이 좋아합니다

정치인

Joe Biden is responding to a comment you made on their Page. View comment.

Joe Biden

Joe Biden

Jaeyoung, thanks for engaging with Joe's post! Can you answer a few quick questions to help Joe's campaign?

보낸 메시지

HI

Joe Biden

Okay then Jaeyoung.

Joe Biden

Joe Biden

Have you committed to vote for a presidential candidate in November?

보낸 메시지

OK I believe to you WIN !

Joe Biden

Joe Biden

Got it. If you're willing to share, which candidate are you supporting?

보낸 메시지

Yes I can it

Joe Biden

Sorry, I don't know what you mean.

Joe Biden

Joe Biden

Which candidate are you committed to?

보낸 메시지

I believe Joe Biden

Joe Biden

Great to hear, Jaeyoung!

Joe Biden

Joe Biden

Will you share your zip code so we can let you know about Joe Biden events in your area? (Please enter your five digit zip code below.)

보낸 메시지

Yes I can do it ! Joe Biden do it success possible

Joe Biden

Great!

Joe Biden

Joe Biden

Up for sharing your valid five-digit U.S. zip code? (Please enter your five digit zip code below.)

보낸 메시지

Yes I can do it Try

Joe Biden

Great!

Joe Biden

Joe Biden

Up for sharing your valid five-digit U.S. zip code? (Please enter your five digit zip code below.)

보낸 메시지

Now I can finding it

Joe Biden

Okay.

Joe Biden

Joe Biden

Would you like to join Team Joe by sharing your email address with us?

보낸 메시지

jaeyoung0314@hanmail.net

Joe Biden

Welcome to Team Joe, Jaeyoung!

Joe Biden

Joe Biden

Are you interested in receiving periodic text messages from Biden for President? (You can text HELP for more information or text STOP to opt out. Message and data rates may apply)

보낸 메시지

Yes

Joe Biden

Joe Biden

Great! What is your phone number?

보낸 메시지

010-2632-○○○○.

Joe Biden

Great, thanks, Jaeyoung!

Joe Biden

Joe Biden

We just have one last request for now. Can you please chip in to help power our campaign to victory? We count on grassroots donors like you to power this campaign.

보낸 메시지

Yes!

Joe Biden

Joe Biden

Thank you! We can't defeat Trump without you.

* 원고의 일부 내용은 나무위키와 챗지피티 등 인공지능의 도움을 받아 작성하였다.

PART 8

떠나자,
나를 위한 힐링여행

장명옥

Mobile
010-8717-1388
Email
myeung65@nate.com

학력 및 경력사항

- 고려대 명강사 최고위과정 17기 수석부회장
- 고려사이버대학교 사회복지학과 졸업
- 전 제일종합학원 원장
- 전 스마트 TOP 대표
- 꽃차소믈리에 과정 수료
- 현)인성그룹 비비인스원 본부장

강의 분야

- 소통, 힐링, 자기계발

자격 사항

- 명강의 명강사 1급
- 기업교육강사 1급
- 인성지도사 1급
- 평생교육강사 1급
- 사회복지사 2급
- 정보처리기능사 2급

저서

- 명강사 25시(공저)

01

프롤로그

우리들의 삶은 위를 보면 모자라고 아래를 보면 남는다고들 말한다. 더 많이 채우려는 것보다 조금만 남는 삶으로 살고 싶어진 나이다. 여행을 하면서 누구의 엄마, 아내, 상사, 다 내려놓고 오로지 자신, 바로 나 하나만 생각하고 무엇보다 내가 행복해지는 방법을 스스로 찾아보는 시간이 필요했다. 거창하진 않아도 작더라도 여행 일정을 계획해서 떠나면 조금은 지루하고 조금은 지친 인생에 작은 설렘과 저절로 미소가 지어지는 행복한 시간을 보낼 수 있지 않을까. 언어도 다르고 문화도 다른 지구상에 한 작은 도시에서 스쳐 가는 인연을 운명으로 만들면서 온전하게 나만을 위한 시간 여행을 하고 싶었다.

유럽 여러 나라를 여행했지만 프라하는 몇 년이 지나도 그 공기와 느낌이 잊히지가 않는다. 누구나 다들 지나온 기억 속에 특별한 추억들은 한 가지씩 가지고 있을 것이다. 그 특별한 기억이 나에겐 며칠간의 짧은 프라하 여행이었다. 가끔 행복한 상상을 하게 된다. 프라하에서 해가 넘어갈 때쯤 카를교 다리 위를 걷고 있는 내 모습을. 생각만으로도 행복하고 삶의 에너지가 생긴다.

인생길을 가다 보면 잘나갈 때도 있고 갑자기 막막할 때도 있다. 그럴 땐 잠시 휴식을 하면서 인생을 다시 충전하면 된다. 그리고 다시 가려고 했던 길을 가면 된다. 나는 오늘도 나의 길을 가고 있다. 그리고 시간이 흘러 그때가 되면 나는 나를 위해 프라하에서 한 달 살기로 기분 좋은 하루의 아침 속으로 걸어가 보려고 한다.

02

꿈꾸는 인생

요즘 어디서든 100세 시대를 얘기한다.

100세까지는 아니더라도 사는 동안은 건강하게 가슴에 따뜻한 행복이 머무는 삶이고 싶다. 한 해 한 해 건강하고 아름답게 나이 들어 간다는 것은 누구에게나 간절한 목적이 되었다. 인생은 항상 선택이다. 누구나 잘할 수 있는 일과 해 보고 싶은 일이 있다. 쉽진 않겠지만 그중에 해 보고 싶은 일을 하면서 인생을 산다는 건 참 행복한 일이다. 그걸 알지만 타인의 시선과 책임감으로 하고 싶은 일만 하면서 사는 사람은 많지 않다.

그동안 책임감으로 최선을 다해서 잘 살아왔다면 제2의 인생의 시간을 맞이할 땐 책임감을 내려놓고 온전히 나로 잘 살고 싶다. 요즘 아이들은 부모가 무조건 희생하는 인생을 사는 걸 바라지 않는다. 스무살이 넘어가면 아이들은 자신의 인생을 살아간다. 더불어 부모들도 자신들의 인생을 잘 살아가기를 누구보다 원한다. 지금 이 순간은 한 번 뿐이다. 선물처럼 주어진 지금의 삶을 맘껏 행복하고 즐거운 시간들로 채워도 모자라다. 인간관계에서 서로 배려하지 않으면 누군가는 힘들고 지친다. 배려하지 않고 자신만 생각하는 사람은 당장은 행복할지도 모르지만 시간이 지나 어느 순간 주위에 사람이 없음을 느낀다. 서로서로 배려하는 관계가 어쩌면 대단한 것이 아니어도 평생을 서로 사랑하며 함께 갈 수 있는 친구 관계이다. 부모는 자식이 힘들 때 뒤돌아보면 항상 웃는 얼굴로 든든하게 그 자리를 지켜주면 된다. 그리고 그냥 꼭 안아주면 된다. 그럼 나는… 내가 힘들어 지칠 때 누가 위로가 되어줄까?

우리는 뒤돌아볼 수 없다. 그동안 걸어온 길보다 앞으로 걸어갈 길이 더 짧기에 힘들 때 뒤돌아보지 말고 잠시 앉아서 쉬었다 가자. 즐거운 추억을 얘기하며 웃기도 하고, 가슴에 묻어둔 응어리를 울음으로 토해내기도 하고, 나보다 더 나를 잘 알아주는 진실한 친구와 여행하며 새로운 추억도 쌓으며 맛있는 음식도 먹고 그렇게 잠시 잘~ 쉬었다 가자. 그리고 다시 일어나 가던 길을 걸어가 보자. 힘들었던 길이 위로가 될 것이다. 우리들 인생은 모든 것이 처음이다. 아들도 딸도 처음이고 부모도 처음이고 시어머니 장모님도 처음이다. 그러니 서툴 수 있다. 그래서 서로서로에게 배려가 있어야 덜 아프고 덜 외롭다. 괜찮은 엄마, 괜찮은 언니, 동생, 괜찮은 친구로 기억되기 위해 지금 이 순간도 난 걸음을 멈추지 않는다.

우리가 하고 싶은 일을 하면서 행복하게 산다면 더 이상 뭘 바라겠는가. 누구나 그런 삶을 꿈꾸지만 현실은 그런 꿈을 뒤로 미루며 살게 한다. 그런데 이제 제2의 인생을 시작하게 된다면 미뤄두었던 꿈을 꾸어보자. 그 꿈을 위해 하나씩 준비해 보자. 누구도 아닌 나 자신을 위해서. 그동안 잘 살아온 나에게 미안하지 않도록.

03

설렜던 여행

2017년 6월 더운 초여름에 우연히 여행을 떠나게 되었다. 동유럽3개국 여행 코스를 추천받아 가게 되었는데 체코 프라하, 헝가리, 오스트리아 이렇게 3개국 9박 12일 일정이었다. 그동안 혼자서 차로 국내 여행은 많이 다녔지만 내 인생에서 유럽 여행은 처음이었다.

인천공항에서 아시아나 항공 탑승 후 14시간 정도 소요되는 비행기 안에서 기내식도 먹고 와인도 마시면서 못 봤던 영화도 3편이나 보며 즐거운 시간을 보냈다. 힘든 건 자리가 좁아서 무릎도 아프고 발등도 붓고 오랜 시간 앉아서 가니 허리도 아팠다. 그럼에도 여행의 설렘과 즐거움을 막진 못하였다.

프랑크푸르트에 도착해서 다시 버스로 3시간을 이동하여 바이마르 호텔에 도착했다. 다음 날 새벽 6시부터 일정표대로 관광지를 돌아다녔다. 12일 일정 중 3일째 되던 날 우리는 체코 프라하에 도착했다.

체코 프라하의 첫 느낌은 어느 도시에서도 볼 수 없는 특별한 분위기가 느껴지는데, 쓸쓸하면서도 화려하고 왠지 모를 편안함과 사람들 눈빛에는 사랑이 넘쳐 보였다. 프라하는 아름다운 건축물들이 많아 사진을 찍으면 다 엽서에 나오는 풍경이 되었다. 그렇게 우리의 프라하 여행이 시작되었다. 프라하는 사계절이 모두 아름다운 도시이다. 계절별로 다양한 축제와 이벤트가 열리는 도시라서 일 년 중 아무 때나 가도 프라하의 아름다운 풍경과 축제들을 즐길 수 있다. 우리가 6월에 갔을 땐 프라하 성 축제 기간이어서 매일 프라하 성에서 열리는 교대식을 볼 수 있었다. 너무 멋있었다.

9박 12일은 아름다운 프라하 도시를 다 돌기엔 너무 짧은 시간이었다. 아쉬움을 남기고 서울로 돌아오는 길에 내 인생의 버킷리스트를 만들었다. 그렇게 프라하에서의 잠깐의 삶은 나의 많은 것을 변화시켰다. 지나온 삶을 뒤돌아보고 앞으로의 삶을 어떻게 살아갈 것인가를 세우는 시작점이 되었다.

그동안 가보지 못했던 국내 관광지로 여행을 시작했다. 영광으로 고창 선운사로, 강릉으로, 군산으로 양양자작나무 숲으로 당일치기로 혼자 운전하며 다니는 여행이었다. 가끔은 캠핑여행도 다녔는데 여행은 다닐수록 좋았다. 무엇보다 생각의 폭이 넓어졌다. 스트레스가 날아갔다. 여행을 다녀오면 한동안은 모든 일이 너그러웠다. 다들 먹고사는 게 우선인 세상에서 스트레스가 만땅일 텐데 여행은 그 모든 게 치유가 되었다. 그래서 사람들에게 여행을 적극 추천했다. 여행 전도사가 되었다. 누가 보면 여행사 하는 사람인 줄 착각할 정도였다. 그렇게 일하며 여행하며 지내는 세월이 빠르게 지나갔다.

어느새 퇴직의 시간이 다가오고 있었다. 다가오는 제2의 인생에 대해서 계획을 세워야 했다. 그동안 잘하는 일을 하며 길을 걸어왔다면 이제는 하고 싶은 일을 하면서 길을 걸어가 보기로 정했다. 다시 묵묵히 길을 걸어가기 위해 몸도 마음도 점검이 필요하다. 우리들 인생이 살다 보니 죽을 고비도 한 번씩은 다 넘게 되더라. 그래서 더 간절하게 하고 싶은 일을 하면서 인생을 살아야 한다. 그래야 후회도 덜 하게 된다. 인생은 모든 게 다 처음인지라 후회투성이다. 그래서 하고 싶은 일을 하면서 좋은 에너지를 가슴에 가득 채워서 길을 가야 한다.

그동안 열심히 조연으로 잘 살아온 나를 위해서 내가 나에게 빛나는 선물을 하자. 그게 제주도 한 달 살기든 프라하 한 달 살기든 아니면 골드바를 선물하는 것이든. 어디라도 무엇이라도 좋다. 잠시 나를 위한 휴식을 하면서 선물을 해 보면 알게 된다. 내 인생의 주인공은 나라는 것을. 그동안 내 인생의 조연으로 살아왔다면 이제는 주인공으로 살아 봐도 괜찮다. 조연의 인생을 마무리하려면 아직 몇 년 남았지만 내가 내 인생의 행복한 주인공이 되기 위해 몇 년 전 여행 중에 세웠던 나와의 약속 '프라하에서 한 달 살기'를 해 보기로 했다.

04

프라하에서 한 달 살기

프라하에서 한 달을 살기 위해서는 생활비, 숙박비, 교통비, 문화생활 등을 고려해서 예산을 짜야 한다. 총 1,500만 원 정도 예상하고 25만 원씩 매달 적금을 들기 시작했다. 한 달을 어떻게 살 것인가에 따라, 어디에서 휴식을 하냐에 따라 목적 금액은 달라질 수 있다.

〈예산 세우기〉

1. 숙박비

- 월세: 500~1,500유로 (1인 기준 한화 71만 1,290원~213만 3,870원)

- 호텔: 1,000~3,000유로 (1인 기준 한화 142만 2,580원~426만 7,740원)

2. 식비

- 식료품: 200~400유로 (1인 기준 한화 28만 4,516원~56만 9,032원)

- 외식: 300~500유로 (1인 기준 한화 42만 6,774원~71만 1,290원)

3. 교통비

- 대중교통: 25~30유로 (1인 기준 한화 3만 5,564원~4만 2,677원)

- 택시: 10~20유로 (1회 기준 한화 1만 4,225원~2만 8,451원)

4. 문화생활

- 박물관, 미술관, 극장 등 입장료: 5~15유로 (1회 기준 한화 7,112원~21,338원)

- 축제, 공연 등 이벤트: 10~50유로 (1회 기준 한화 1만 4,225원~7만 1,129원)

〈일상생활을 현지인과 즐기기〉

1. 숙박

숙박 예약은 인터넷을 통해 쉽게 할 수 있으며, 프라하는 호스텔, 에어비앤비, 호텔 등 다양한 숙박 시설이 있다. 호스텔은 저렴하고 여행자들끼리 즐길 수 있는 장점이 있고, 에어비앤비는 호스텔보다는 넓은 개인 공간을 제공한다. 호텔은 혼자만의 편안한 숙박을 원하는 분들에게 추천한다. 요즘은 호텔 예약 사이트(호텔스컴바인)를 이용하면 저렴한 가격으로 예약할 수 있다.

2. 음식

프라하는 유럽에서도 맛있는 음식들이 많은 곳이다. 체코의 전통 음식인 구루이쉬, 플레이크, 트뤼들로니 등 여행객들이 거부감 없이 먹을 수 있다. 체코 맥주는 꼭 마셔봐야 한다.

3. 문화

예술박물관, 공연, 영화상영 등을 즐길 수 있으며, 무료로 즐길 수 있는 축제도 많다.

4. 관광지

프라하 성, 프라하의 시계탑, 카를교, 화약탑 전망대, 레드니체, 발티체 와인박물관, 올드타운 시장광장, 찰스다리, 오르로즈니광장, 스트라호프궁전 오르로모우츠성당, 프라하천문대 등 관광할 곳이 너무 많다.

5. 교통

프라하는 지하철, 트램(도시철도로 도로에 설치된 레일을 따라 자동차와 겸용으로 운행되는 교통편), 버스 등 다양한 교통수단이 잘 되어 있다. 지하철역이나 버스 정류장에서 교통카드를 구입해서 다니면 편리하다.

6. 와이파이

호텔, 카페, 레스토랑 등 공공장소에서는 무료 와이파이를 제공한다. 숙박시설에서는 추가 요금이 부과될 수 있으니 미리 확인해야 한다. 인터넷망이 한국처럼 활성화되지 않은 유럽지역 특성상, 속도가 빠르지 않을 수 있다. 공공장소에서는 보안에 취약하므로 VPN 등 보안 프로그램을 사용하는 것이 좋다.

프라하에서 한 달 살기는 현지인처럼 일상생활을 하면서 그 도시의 문화를 마음껏 즐길 수 있는 좋은 기회이다. 평범하게 숙소에서 아침 식사를 즐기거나 근처 카페나 빵집에서 여유를 즐겨도 된다. 공원에 앉아 책을 봐도 좋다. 아니면 골목골목 걸어 다니면서 예쁜 가게들에서 쇼핑하는 것도 참 즐겁다.

카를교를 걸으며 성요한 메포무크 동상에 소원도 빌어보자. 간절함이 소원을 이루게 해줄 수도 있다. 저녁 식사는 현지 음식을 즐길 수 있는 로카르르노바 레스토랑이나 바에서 하면 좋다. 유명한 브루어리에서 프라하 맥주를 맛보기를 권한다. 프라하의 야경은 별이 쏟아지는 밤하늘보다 더 아름답게 느껴진다.

05

프라하 백 배 즐기기

프라하에 가면 꼭 가봐야 할 곳 몇 군데를 소개하려고 한다.

1. 프라하의 가장 유명한 랜드마크 중 하나는 시계탑

스타레 메스토 광장에서 쉽게 찾을 수 있다. 스타레 메스토 광장은 프라하에서 가장 큰 광장 중 하나이다. 시계탑 종은 매시간 정각에 한 번씩 울리는데, 소리는 매우 크다. 또한 시계탑에는 12개의 숫자가 표시된 시계가 있어서, 시간을 확인할 수 있다. 성인들이 나와서 종을 치는 행사는 일반적으로 매시간 정각마다 이루어지지 않는다. 특별한 행사나 축제 등이 열리는 경우에는 종을 치는 행사가 있을 수 있다. 시계탑은 프라하에서 가장 인기 있는 관광지 중 하나이므로, 많은 관광객들이 매시간마다 시계탑을 찾아 시간을 확인하고 사진을 찍는다.

2. 프라하에서 가장 오래된 돌다리 카를교Karluv most

14세기에 건설된 이 돌다리는 프라하를 대표하는 랜드마크 중 하나이며, 보행자 전용이다. 카를교는 프라하 성과 구시가지를 연결하며, 다리 위에서는 다양한 예술가들의 작품들을 감상할 수 있다.

3. 화약탑 전망대

1891년에 건설되었으며, 프라하의 중심부에 위치한 44m 높이의 전망대로, 프라하 성에서 도보로 약 10분 정도 거리에 있다.

당시에는 화약 저장소로 사용되었는데 지금은 전망대로 개방되어 있으며, 프라하 성과 구시가지, 그리고 강을 한눈에 볼 수 있다. 전망대 입장료는 150크로네(약 7불)이며, 계단을 이용하여 올라가야 하므로 체력이 필요하다. 그만큼 멋진 전망을 볼 수 있으니 꼭 방문해보시길 권한다.

4. 발티체 와인 박물관

2000년에 개관되었으며 입장료는 10유로(약 13불)이다. 이탈리아의 토스카나 지역 발티체에 위치한 이 박물관은 토스카나 지역의 와인 생산과 문화를 소개하고 있으며, 이탈리아의 대표적인 와인 중 하나인 산지오베제와 브루넬로 등의 와인을 생산하는 지역이다. 내부에는 와인 생산 과정을 직접 체험해 볼 수 있고 와인투어도 제공하고 있어 여러 가지 와인을 맛볼 수 있다.

5. 프라하에서 가장 큰 시장은 슈테판스퀘어Staromêstské námêstí

이곳은 프라하 시내에서 가장 중심적인 위치에 있으며, 중세 시내부터 현재까지 이어져 온 역사적인 건물과 거리 예술가들의 작품, 그리고 다양한 상점과 레스토랑이 있는 유명한 관광지이다. 슈테판스퀘어는 프라하 시내에서 가장 큰 광장 중 하나이며, 프라하 시내에서 가장 많은 관광객들이 찾는 장소 중 하나이다. 이곳에는 프라하 시내에서 가장 아름다운 건축물 중 하나인 천문대와 시계탑을 비롯하여 성당, 광장, 시장 건물, 미술관 등이 있다. 슈테판스퀘어에서는 다양한 이벤트와 축제도 열리기 때문에, 프라하를 방문한다면 꼭 한번 방문해보길 추천한다.

6. 하벨시장Havel's Market

프라하 시내에서 가장 오래된 시장 중 하나이다. 이곳은 프라하 시내에서 유명한 관광지 중 하나이며, 다양한 상점과 레스토랑, 카페 등이 있다. 하벨시장은 프라하 시내에서 가장 큰 오픈마켓 중 하나이며, 신선한 과일, 채소, 고기, 생선, 빵, 음료 등을 판매한다. 또한 이곳에서는 다양한 수공예품, 의류, 액세서리 등도 구매할 수 있다. 하벨시장은 프라하 시내에서 가장 오래된 시장 중 하나이기 때문에, 프라하의 역사와 문화를 느낄 수 있는 장소 중 하나이다. 매주 토요일에는 농산물 시장도 열리기 때문에, 프라하를 방문한다면 꼭 가보길 바란다.

7. 존 레논 벽John Lennon Wall

체코 프라하의 말라 스트라나 지구에 위치한 벽으로, 1980년대 초반부터 전 세계적인 평화 운동을 지지하는 그래피티와 문구들로 가득하다. 이 벽은 1980년대 초반, 존 레논의 사망 이후 그의 영향력을 받은 체코 젊은이들이 그의 이름을 따서 만들었다. 그리고 이후로는 전 세계적으로 평화 운동을 지지하는 그래피티와 문구뿐만 아니라, 존 레논의 얼굴이나 비틀즈의 로고 등도 그려졌다. 매년 12월 8일 존 레논의 사망 기념일에는 콘서트나 기념행사가 열리기도 한다.

8. 프라하의 블타강Vltava River

체코에서 수도 프라하를 가로지르며, 프라하 시내를 따라 흐른다.

블타강을 따라 걷는 산책로는 프라하에서 가장 아름다운 경관 중 하나다. 강을 따라 걷다 보면 프라하의 대표적인 관광지인 칠스 다리Charles Bridge나 프라하 성Castle of Prague 등을 볼 수 있다. 또한, 강을 따라 배를 타면 프라하의 아름다운 야경을 감상할 수 있다. 블타강 주변에는 많은 레스토랑, 카페, 바 등이 있어서 즐길 거리도 넘친다. 강을 따라 자전거를 타거나 조깅을 즐기는 사람들도 많다. 프라하를 방문하신다면 블타강을 따라 하이킹을 꼭 한번 해 보길 권한다.

계절별 대표적인 축제를 메모해서 떠날 때 참고하면 프라하에서 축제와 이벤트를 더욱 다양하게 즐길 수 있다.

〈계절별 축제〉

1. 봄 (3월~5월)
   - 프라하 봄 축제(Prague Spring Festival): 클래식 음악 축제.
   - 프라하 마요데이(Prague May Day): 5월 1일에 열리는 노동절 축제.
2. 여름 (6월~8월)
   - 프라하 성 축제(Prague Castle Guard and Changing of the Guard): 프라하 성에서 매일 열리는 교대식.
   - 프라하 탄젠트 축제(Prague Tanec Festival): 다양한 춤과 음악 공연이 열리는 춤 축제.
3. 가을 (9월~11월)
   - 프라하 가을 축제(Prague Autumn Festival): 클래식 음악 축제로 9월 말부터 10

월 초까지 열린다.

- 프라하 국제 영화제(Prague International Film Festival): 10월 초에 열리는 영화 축제.

4. 겨울 (12월~2월)

- 크리스마스 마켓(Christmas Markets): 12월 초부터 1월 초까지 열리는 크리스마스 마켓.

- 프라하 빈테르 페스티발(Prague Winter Festival): 다양한 문화 행사와 공연이 열림.

즐겁고 행복한 유럽 여행 중에 꼭 조심해야 할 점이 몇 가지 있다.

1. 프라하는 관광객이 많이 찾는 도시이기 때문에, 대중교통을 이용할 때나 사람이 많이 모인 장소에는 소매치기가 많다. 따라서 가방이나 지갑 핸드폰 등은 꼭 내가 볼 수 있게 앞으로 하고, 많은 사람들 속에 있으면 안 된다. 여행 중에 가이드가 수시로 하는 말이 소매치기 조심하라는 말이다.

2. 프라하에서는 유로가 통용되지만, 일부 상점이나 레스토랑에서는 체코 화폐인 코루나를 사용한다. 따라서 환전 시에는 환율을 꼭 확인하고, 위조지폐인지 꼭 살펴봐야 한다. 위조지폐 확인 방법은 종이 질감이나 빛으로 비춰서 패턴을 확인하거나 여러 가지가 방법이 있는데 가장 쉽게 확인할 수 있는 건 물에 적시면 잉크가 번지기 때문에 바로 확인 가능하다.

3. 프라하의 음식은 맛있지만, 일부 식당이나 바에서는 여행객들에

게 바가지 요금을 받을 수 있다. 메뉴판을 잘 살펴봐야 한다. 여행 중 현지인을 사귀어서 같이 다니면 이런 걱정을 줄일 수 있기 때문에 마음 맞는 현지인 친구를 사귀어보는 것을 추천한다.

4. 프라하는 자주 비가 오기도 하고 기온이 크게 변동할 수 있다. 따라서 여행을 계획할 때 날씨도 꼭 확인하고, 적절한 옷차림으로 준비해야 한다.

06

인생의 빛나는 주인공으로 살아가길

휴식이란 누구나가 마땅히 누려야 할 권리라고 생각한다. 유행가 가사처럼 핸드폰 밧데리 충전은 하면서 우리네 인생은 휴식을 못 하고 그냥 달려서 가고만 있는 건 아닌가 생각해 볼 필요가 있다. 언젠가 수락산 등산을 하다가 암벽을 만났다. 누군지 모르는 사람이 암벽을 오

를 수 있게 밧줄을 잡아주었다. 덕분에 무사히 완주할 수 있었다. 세상은 혼자서는 살 수 없다. 사람과 사람이 서로 더불어서 살게 된다. 살다가 힘이 들면 추억이란 보물상자에서 하나씩 하나씩 꺼내어 생각한다. 행복했던 기억도 아팠던 기억도 나중엔 우리가 다시 일어나 묵묵히 걸어갈 수 있는 힘이 되어 준다.

오랜만에 친구들과 모여서 이야기를 나누다 보면 우리들은 과거를 회상하며 서로 웃고 있다. 가족들끼리도 가족 행사가 있어서 모이면 지난날을 얘기하며 웃고 떠든다. 살면서 많은 경험과 될 수 있으면 한 살이라도 더 젊었을 때 더 많은 곳을 여행하며 추억을 남기자. 그러면서 나를 사랑하고 아껴주자.

TV를 보다가 어느 강사가 열정적으로 강의를 다 한 후에 질문을 던진다. “여러분은 지금보다 더 젊은 날의 여러분을 만나게 된다면 무슨 말을 가장 해주고 싶은가요?” 나도 생각해 보게 되었다. 지금의 내가 젊었던 나에게 무슨 말을 가장 해주고 싶은지. 더 열심히 살라고 인생을 더 즐겁게 살라고, 사랑을 많이 하라고, 여행을 많이 다니라고 등 아쉬움에 많은 말들이 떠올랐다.

인생은 자유여행이다. 자유여행처럼 혼자서 즐거운 시간들 힘든 시간들을 겪으면서 그 또한 결코 헛된 시간들이 아님을 알게 된다. 우리들 삶이 그저 평평한 길이기만 한다면 지루할 것이다. 무엇이 소중한지 무엇이 가치 있는 삶인지 알 수 없을 거니까. 우리는 이미 알고 있다. 힘든 산행 뒤에 정상에서의 기쁨을, 어려웠지만 성공하고 난 후에 그 기쁨을.

우리들 인생은 지금도 그리고 앞으로도 긴 여행을 하게 된다. 그 긴 여행을 잘 견디며 잘 걸어온 나를 위해 지금부터 하나씩 준비해서 생애 한 번쯤은 꼭 가고 싶은 도시 (　　)에서 한 달 살기 여행을 추천한다. 여행을 하면서 나 자신을 기꺼이 사랑해 주어야 한다. 더는 나에게 미안해하지 않게. 지금도 늦지 않았다. "당신은 정말 충분히 괜찮은 사람이니까."라고 말해주고 싶다.

이제는 당신의 인생에서 누구보다 빛나는 주인공으로 살아가기를 진심으로 응원한다.

PART 9

가치 있는 인생 2막,
더 나은 삶의 여정

최용종

Mobile
010-6403-1187
Email
gplate@naver.com

학력 및 경력사항

- 고려대 명강사 최고위과정 17기 수석부회장
- 동국대 국제자연치유사과정
- 전남대학교 수료
- WHO세계침구학회 침구의사
- 실로암연수원 원장
- 광주 YMCA 총회원
- 국가유공자(참전)
- 광주보건소 의료봉사
- 수정기공 STT 재활사
- 노인대학 인문학강사
- 광주문인협회 인문학최고위과정
- 광주시낭송협회회원
- 한국기독교장로회 원로장로

수상 경력

- 광주시장 봉사상, 감사패
- 광주남구청장 감사패, 공로패
- 광주시장 자원봉사 영예인증서(금장)
- 전라북도지사 시낭송 논개퍼포먼스(금상)

강의 분야

- 건강관리
- 대체의학
- 자연치유
- 노인대학 인문학'

저서

- 명강사 25시(공저)

자격 사항

- 명강의 명강사 1급
- 기업강사자격 1급
- WHO 세계침구학회 침구의사
- 동국대 국제자연치유사
- 노인심리상담사
- 자연정혈요법 1급자격사
- 노인대학 인문학강사
- 수정기공 STT 재활사
- 평생교육강사자격 1급
- 생활경제와 재테크사

01

지금은
카이로스의 시간

햇살이 쏟아지는 따스한 봄날 창문을 활짝 열었다. 산들바람에 나뭇잎이 흔들리고 이름 없는 풀꽃들도 춤추고 있다. 그중에 튤립은 마치 제왕인 양 유난히 돋보인다. 신은 이 모든 것들에게 골고루 빛을 보내주었을 텐데 돌아보니 나에게 유난히 찬란한 빛을 보내주었던 것임을 세월이 흘러서 알게 되었다. 열심히 달려온 삶에서 이제는 내가 알고 있는 것들을 베풀고 살라 한다.

경제적 자유를 누리며 내가 배우고 익힌 대체의학을 통해서 건강한 사회를 만드는 데 일조하는 삶을 살고 싶어서 꾸준히 대체의학을 공부했다. 그리고 강의도 하면서 인생 2막을 살아가고 있었다. 기회는 늘 우연히 오는 것 같다. 그런 내 마음을 어찌 알았는지 고려대 명강사 최고위과정의 입학을 권유받았다. 그간 나는 인생 2막을 준비하며 대체의학(요법)을 꾸준히 연구하고 준비해오고 있었기 때문이다. 주님은 나를 너무 사랑하시는 것 같다. 내가 배우고 익힌 것들을 조금 더 체계적으로, 조금 더 전문가답게, 대체의학 강사를 하라고 내게 보내온 또 한 번의 기회라 여겨졌다. '삶의 후반부를 선한 영향력으로 베풀어봐.' 라는 느낌으로 다가왔다.

그리스 신화에는 '카이로스'라는 기회의 신이 있다.

카이로스의 앞머리가 무성한 이유는 기회가 왔을 때 사람들은 금방 알아차리지 못하니 금방 알아차려서 잡으라는 의미이고, 뒷머리가 대머리인 이유는 지나고 나면 잡을 수 없도록 하기 위함이다. 저울을 손에 든 이유는 기회가 있을 때 저울로 정확히 파악하라는 의미이고, 날개가 달린 이유는 기회가 왔어도 최대한 빨리 사라지기 위함이다. 손에 칼을 든 이유는 결단하려거든 칼같이 결단하라는 의미이다. 이 또한 기회이리라.

하지만 현실은 녹록지 않았다. 광주에서 매주 서울 고려대를 가려면 만만치 않은 시간과 비용이 들기 때문이다. 그래도 가자 고려대로~ 이것은 나에게 인생 후반전을 선한 영향력으로 살라는 것으로 느껴져서 나는 이 기회를 붙잡았다. 과정 중 1박 2일의 공저 출판 워크숍을 통해 책 쓰는 법을 익혔다. 처음에는 어떤 소재로 쓸 것인지 막연했지만 여러 강사님들의 강의와 조영순 공저 강사님의 세심한 배려로 좋은 글을 쓸 수 있었다. 칠십을 훌쩍 넘긴 적지 않은 나이에 찾아온 고려대 명강사 과정에서 책 쓰기 과정은 나의 삶을 의미 있게 돌아보게 했다. 책을 쓴다는 것은 생각지도 못하고 있었는데 고려대 명강사 최고위과정 최고의 선물인 책 쓰기가 인생 2막의 또 하나의 선물임을 직감했다. 아름다운 기회를 놓치지 않고 잡게 해주신 주님께 감사드린다.

02

선택받은 축복

책을 쓰면서 삶을 되돌아보았다. 그때는 몰랐던 것들이 지금은 축복처럼 느껴진다. 서른이 안 되는 나이에 광주 중심가인 충장로에 금은 보석상을 창업했기 때문이다. 창업 당시인 70년대 중반 광주는 금은 보석상이 열 손가락 안에 꼽을 수 있었다. 그 당시 광주 중심가인 충장로는 광주, 전남을 대표하는 상업의 중심지로 어느 업종이든 충장로에서 사업을 한다는 자체만으로도 성공을 의미했기 때문이다. 지금은 서로 간에 살 아파트를 따지고 자동차 등 키가 몇 개냐를 따지지만 그 시절은 대가족이 서로 몸을 맞대고 살아서, 집은 신랑이 살고 있는 집에 들어가 살면 되었기 때문에 결혼 예물로 금반지, 목걸이 등 패물을 몇 돈(3.75g)이나 해줄 수 있느냐가 결혼의 조건이었다. 여유 있는 집은 팔찌까지 해주면 잘해준 것이고 반지 목걸이 등만 해줄 수 있으면 신랑이 결혼 준비가 된 것이었다. 당시 공무원 한 달 봉급으로 금 2~3돈 살

정도로 금의 가치는 대단했다.

젊은 나이에 금은 보석상을 창업할 수 있었던 것은 금은 보석상을 하는 친척의 영향으로 일찍부터 금은방을 창업하는 꿈을 꾸고, 제대 후 금세공 공장을 운영하여 수익금으로 금 보유량을 늘려 갔고 당시 지속적인 금값 상승으로 인해 금의 재테크에 성공한 결과였다. 금은 보석사업은 성업하며 30여 년을 지속하며 나의 본업이 되었다.

꿈을 싣고 베트남전쟁에 참전하다

삶을 돌아보면 내가 빠르게 성공한 것에 기여한 것 중 하나로 군대 이야기를 빼놓을 수 없다. 나는 사업장 때문에 조금 늦은 나이인 23살에 논산훈련소에 입대하게 되었다. 여기에서도 나에게 행운이 따랐다. 수백 명의 훈련병 중에서 40명 안에 뽑히는 보리카츄사라는 특수부대 방공포 여단에 배속받게 된 것이다. 그중에서도 몇 명 안 되는 군수행정병 주특기를 받게 되었고, 사고로 공석이 된 대대 군수과 공병계 사수 직책을 받고 근무하게 된 것이다. 사수가 없던 터라 업무 파악이 힘들어, 보좌관님의 배려로 민간인까지 불러 밤을 세워가며 업무 파악을 할 수밖에 없어서 바쁜 신병 시절을 보냈다. 그 후에는 국가 예산 절감 정책으로 인하여 부동산계를 담당하는 문관이 퇴직하게 되었다. 문관의 업무였던 부동산계도 인수받아 바쁜 군대 시절을 보냈지만, 덕분에 시간 가는 줄 모르고 힘든 신병 시절을 보낼 수 있었다. 그때 쌓은 많은 지식들은 나의 사회생활에 도움이 되어 나를 빠른 성공으로 이끌어 주었다. 업무차 자주 부산에 출장을 나갔는데 돌아오는 버스 안에서 떠들고 이야기하는 여고생들의 대화 소리마저 아름답고 정답게 들렸다. 지금도 그때 그 기억을 잊을 수 없다. 바쁜 신병 생활이 지나고 중고참이 되었다. 중고참 때 전쟁터인 월남 파병을 지원하였다. 가족들은 위험하다고 만류했지만 나는 지원했다. 지원 과정은 전투병과가 아니고 필수요원이라 지원이 잘 되지 않았지만 우여곡절 끝에 십자성 보급지원단으로 월남에 가게 되었다. 그때 적극적으로 월남 파병을 지원한 것은 스스로 내 인생을 시험하기 위해서였다. 전쟁터인 월남 땅에서 죽으면 끝나는 것이고 살아오면 성공적인 삶을 살 것이라는 생각으로 자원한 것이다.

도착한 베트남 해안은 우리나라 어느 해안인가 싶을 정도로 평온하고 고기잡이 배들이 한가롭게 낚시하는 모습이 전쟁터 같지 않았다. 그러나 육지에 도착하여 군 트럭을 타고 이동하는 중에는 대포 소리 총소리가 자주 들려서 긴장을 늦출 수가 없었다. 십자성 군수지원단은 나트랑에 있었는데 배속은 닌호아 지역 백마부대 군수지원단으로 배속되어 중대 보급계로 근무했다. 16개월의 월남 파병 생활을 거치면서 여러 가지 어려움이 따랐지만 부상 없이 무사히 귀국하여 국가 유공자가 될 수 있었다. 그때는 70년대 초로 전쟁이 종전을 앞두고 있어서 백마부대 곳곳에 걸려 있었던 현수막이 기억에 남는다. "100명의 베트콩보다 1명의 양민을 보호하자."는 현수막이 곳곳에 걸려 있어 전쟁보다는 양민을 보호하고 지원하는 일에 중점을 두었었다. 이런 우호적인 노력이 오늘날 베트남과 좋은 국교를 맺게 하는 계기가 된 것 같다. 개인적으로는 전투수당을 쓰지 않고 모아서 목돈이 되었고 제대 후 금을 매입하여 금세공 공장을 창업하는 자금이 되었다.

03

백세시대를 힘차게 살아가려면

우리네 인생에서 가장 소중한 것이 무엇이냐고 물으면 건강이라고 대답할 것이다. 건강은 생명 자체이기 때문에 돈, 권세, 명예, 사랑마저도 건강이 있어야 필요한 것이지 건강이 없다면 아무 소용이 없기 때문이다. 이제 백세시대는 우리에게 익숙한 단어가 되었다. 오래 사는 것이 축복일지 재앙일지를 결정하는 잣대 중 하나가 건강이다. 내가 가진 대체의학의 지식과 연륜으로 경제적 건강, 사회적 건강, 신체적 건강 중에서 신체적 건강의 개선에 도움을 줄 수 있을 것이다.

지금 우리나라 평균수명인 기대수명은 2021년 기준 남자가 81세, 여자는 87세이다. 그런데 건강하게 내 발로 움직이며 살 수 있는 건강수명은 남자 72세, 여자 76세이다. 모두가 그런 것은 아니겠지만 많은 사람들이 약 10년 정도를 고통받으며 병원 신세를 지고 약을 먹으며 가족들을 괴롭히며 살아간다는 것이다. 어느 보고서에 의하면 우리나라 사람 80% 이상이 40대만 넘어도 혈압, 당뇨, 고지혈증으로 한 가지 이상의 약을 복용하고 있다고 한다. 약의 장기 및 과다 복용은 우리 몸의 질병을 치료한다기보다 만성화시키며, 우리 몸을 지키는 군대 역할을 하는 몸 속의 자연 치유력인 면역력의 기능을 약화시킨다.

우리 몸은 태어날 때부터 타고난 면역기능이 있어 작은 상처나 가벼운 감기 등은 약을 먹거나 치료하지 않아도 회복이 된다. 이는 우리 몸 속의 자연치유력인 면역력 덕분인데, 방어력을 가진 면역세포들이 외부에서 침입하는 바이러스나 인체 내의 세균 등을 물리친다. 우리가 건강하게 무병장수 시대를 맞기 위해서는 우리 몸이 나면서부터 보유하고 있는 자연치유력인 면역력을 잘 관리해야 한다. 이는 우리가 질병에 고통받지 않고 건강하게 사는 방법이 되고, 우리의 기대수명과 건강수명의 차이인 10여 년의 세월을 건강하게 살아가는 방법이 될 것이다. 이를 위하여 약물의 오남용 및 과다 복용을 줄이고 적당한 운동, 무절제한 식습관 개선, 긍정적인 마음가짐으로 스트레스를 줄여가야 할 것이다.

인체의 질병 치료는 표준화된 서양의학과 동양의학으로 나눌 수 있다. 먼저, 서양의학은 현대사회에서 표준화된 의학으로 병의 원인을 진단할 때 현대화된 장비나 검사법 등을 활용하여 병증을 알아내고 치료는 양약, 수술, 방사선 등으로 병증을 치료하는 의학이다.

동양의학은 인체를 하나의 유기체로 인식하고 병의 원인을 인체의 외부적 요인과 내부적 요인으로 판단하고, 진단은 맥박, 혈압 등을 측정하여 인체의 상태를 파악하며 치료는 한약, 침술, 물리치료 등이 사용된다.

마지막으로 대체의학(대체요법)은 동양의학에 뿌리를 둔 의술로 우리 민족이 전통적으로 지켜온 민간요법으로 침술, 뜸, 안마, 자정요법, 식이요법, 운동 등을 발전시킨 치유방법으로 쉽게 배워서 환자 자신 또는 가족이 시술할 수 있다는 장점이 있다. 대체의학은 환자 자신이 타고난 자연치유력인 면역력을 활용하여 질병을 치유할 수 있어서 부작용이 없고 빠르고 확실한 치유 방법이 되는 것이다.

열심히 일해서 노후를 준비했는데 건강이 따라주지 않아서 병원에 다니며 건강관리를 하게 되고 병원비 지출이 과다해져서 모은 돈을 잃게 되어, 노후가 빈곤해지는 것을 우리는 주변에서 왕왕 보게 된다. 그 폐해를 줄일 수 있는 쉽고 부작용이 없는 치유 방법인 대체의학을 체계적으로 공급할 수 있다면 쉽게 배워 활용할 수 있고 건강한 100세 시대를 맞이할 수 있는 좋은 대안이 될 것이다.

04

우리 가정의 행복을 지켜준 것은 대체의학이었어!

내 인생에서 본업보다 더 신경 쓰고 보람을 느끼며 살아온 일이 있다면 대체의학 요법이다. 대체의학은 우연이 아닌 필연으로 나에게 다가왔다. 아내는 늘 몸이 약해서 침술과 대체요법으로 돌보아 주어야 했고 나 자신의 몸과 가족들 손주들의 감기, 아토피 치료까지 돌봐야 하는 가족 주치의 역할을 감당하며 살아왔기 때문이다. 우리 가족의 건강 유지법은 간단하다. 어린 손주가 감기에 걸리거나 몸에 이상이 생기면 소아과 병원에 가서 진찰을 받고 약을 지어오지만 약은 잘 먹이지 않고 침술로 치료한다. 현대의학은 병명이나 증상을 진단하는 의료기술은 우수하지만 약물치료는 시간이 걸리고 부작용을 유발할 수 있으나, 침술치료는 빠르게 치유되기 때문이다. 대체의학인 침구의술은 환부에 기혈을 소통시켜서 신체의 자율기능인 면역력을 극대화하여 환자 스스로 자기 질병을 치유할 수 있게 한다.

지금 초등학교 고학년인 손주의 예를 들어 보려 한다. 3살 때의 일이다. 감기 증상이 있어 인근 유명 아동병원에 치료차 갔는데 의사가 진찰한 후, 오늘 온 아이들 중 증세가 심하여 폐렴 증세가 있으니 지금 당장 입원하지 않으면 안 된다고 해서 그날 저녁 바로 입원을 했다. 의사가 며칠 입원하면 나을 수 있다고 하여 직장을 다니던 딸이 휴가를 내고 아이를 간호할 수밖에 없었다. 그렇게 일주일이 지났는데 딸에게 전화가 왔다.

"아빠, 아이가 감기가 심해서 퇴원이 안 되고 큰 병원으로 옮겨야 된다고 해."

청천벽력이 아닐 수 없었다. 당시에도 다른 손주들은 침으로 감기 등을 치료했지만 아이가 3살밖에 되지 않아 침 치료는 생각도 않고 있었는데 병실에 가보니 링겔 꽂은 팔은 퍼렇게 부어있고 아이는 지쳐 있었다. 나는 길이가 2.5cm 되는 작은 침으로 한쪽 팔에 4군데의 혈자리에 잠깐 침을 놓았다 뺐다. 2분이 걸리지 않는 짧은 시간이었고 아이는 울지도 않았다. 그리고 집에 돌아왔는데 그 다음 날 아침에 딸이 전화로 의사가 회진을 와서 아이를 보고는 많이 좋아졌다고 내일 다시 한번 보고 결정하자고 했다는 것이다. 나는 그 말을 듣고 바로 병원에 가서 어제와 똑같이 침을 시술해주고 왔고 다음 날 검사 후 바로 퇴원 결정이 나서 퇴원할 수 있었다. 자연치유력인 면역력이 침술을 통하여 극대화되어 기혈을 소통시킨 것이다.

나는 이와 같은 현상을 수없이 경험하였다. 한번은 몸이 약한 아내의 허리가 아파서 대학병원에서 MRI 등 검사를 했는데 척추 4, 5번에 디스크 증상이 있어 수술하지 않으면 안 된다고 했다. 당시에는 허리 수술을 한 후, 반 장애인이나 다름없이 생활하는 사람들이 많았다. 더구나 사업장을 총괄하는 아내인지라 입원한다는 것이 보통 일이 아니어서 우여곡절 끝에 침술과 대체요법으로 치료하였고, 결국 아내의 허리를 대체의학 요법으로 건강하게 완치시킬 수 있었다.

여러 가지 임상을 통하여, 현대의학으로는 허리통증이나 디스크를 수술 등으로 치료할 수밖에 없지만 대체의학 요법은 수술하지 않고 침술과 자정요법 등을 활용하여 허리의 통증이나 디스크가 치유된다는 사실을 알 수 있었다.

아내는 계절에 따른 천식 증상도 있었는데 침술치료로 증상이 좋아졌다. 그 뒤 2년쯤 지나 증상이 재발해서 인근 K종합병원에 치료하러 갔다. 그런데 검사 후 의사가 하는 말이 폐 기능이 30% 정도로, 문제가 있다며 약 3일분을 처방해 주며 3일 후에 다시 검사하자고 하였다. 집에 와서 식사 후 약을 복용했는데 온 방을 기어다니며 괴로워했고 다 토해 버렸다. 아내는 양약을 먹지 못해서 침술로 병증을 치료하던 터라, 늘 그랬던 것처럼 침술로 하루에 한 번씩 침 치료하고 3일 후 병원에 갔다. 그랬더니 증상이 좋아졌다며 약 분량을 반으로 줄이고 한 달 후 다시 오라며 1달 치 약을 처방해 주었고, 1달 후에는 약이 4분의 1로 줄어있었다. 진단받기 위해 약을 지어왔지만 약은 먹지 않고 침 치료만 진행하였고 2달이 지난 시점에 재검사를 했는데 의사가 하는 말이 약을 잘 먹어서 좋아진 것 같다고 했다. 침술치료로 치유된 것을 알 리 없는 의사의 말이었지만 나는 너무 기쁘고 감사했다. 아내는 내가 침시술을 해주면 좋아했고 행복해했다. 아내는 몸이 약한 편이어서 폐 기능 외에도 대상포진, 위병 등 여러 가지 병증을 앓았지만 침술과 대체요법 치료로 완치되었다. 그 덕분에 아내는 아파서 누워 본 일이 없고 병원에 입원한 일도 없었다. 평생을 나를 믿어주고 내 대체의학 의술을 믿고 감사해했던 사람으로 내 의술을 향상시켜준 최고의 스승이자 환자였다.

05

보건소 의료봉사로 나누는 건강한 광주

나는 사업가로서 어느 정도 안정된 삶을 살아왔는데 대체의학을 하지 않았다면 내 인생은 달라졌으리라 생각한다. 우선 아내가 가지고 있던 허리디스크, 천식, 폐 기능, 위장병, 대상포진 등의 여러 가지 질병 중 어떤 것도 병원에서 쉽게 나을 수 있는 병이 아니었기 때문이다. 병원에서 치료를 받았다면 아내가 주축인 금은 보석상 사업도 안정적이지 못했을 것이고 그 외 사업도 크게 흔들렸을 것이다. 기독교 신앙이 있는 나는 내가 가진 대체의학의 치유능력이 사랑하는 주님이 주신 은혜라고 믿으며 감사하며 살아가고 있다.

그럼 나는 무엇을 사회에 환원할까? 내가 받은 은사를 베풀어야 한다고 생각해서 의료봉사를 시작했다.

2008년부터 광주 남구 보건소에서 기공치료인 수정기공 STT 등으로 치유사 3명과 함께 봉사 활동을 시작했는데 대상은 일반인이 아닌 6급

이상의 장애인들이었는데 주로 뇌 병변인 뇌출혈, 뇌경색으로 장애판정을 받은 환자들이었다. 1주일에 한 번씩 치료받는 환자들은 치료를 받으면 몸이 많이 좋아져서 일주일이 행복하다며 치료받는 날을 기다렸고 기능이 회복된 분들도 있어 큰 보람을 느꼈다. 12~13년 동안 꾸준히 진행한 의료봉사는 아쉽게도 코로나 팬데믹 이후 중단되었고, 지금도 아쉬워하는 환자들이 언제부터 다시 진행되는지 묻는 연락을 하고 있다. 나는 대체의학에 대한 열정으로, 우리 전통침술과 중국의 평형침, 동씨기혈 침법을 배우고 익혀서 병증에 따라 활용한다.

우리나라에서는 침구 자격을 인증하는 기관이 없어서 중국 북경시에 본부를 둔 세계 보건기구(WHO)와 제휴된 세계침구학회연합회(WFAS)에서 실시한 침구의사 자격시험에 합격했다. 그리고 침구의사(A급) 자격을 취득하였다. 침구치유 봉사는 교회에서 소속 교우들을 상대로 주일 예배 후 침술 봉사를 하였는데 5, 6년 정도 한 것 같다. 침술로 치유시키며 병증이 호전되는 것을 보람으로 알고 기쁨으로 봉사하였는데 이때 쌓은 경험과 임상은 나에게 치유사로서 봉사하며 사는 삶에 많은 도움이 되었다. 이러한 의료 봉사는 나의 일상이 되었고, 2,000시간 봉사로 광주시장, 남구청장으로부터 봉사상, 감사패 등을 수상하였다.

06

허리, 무릎병 함부로 수술하지 마세요

인간이 가지는 축복 중 하나는 직립보행이다. 직립보행을 하는 인체는 허리나 무릎에 이상이 생기면 통증이 발생하여 바르게 걸을 수 없게 되고 움직임에 따른 통증으로 생활에 많은 제약을 받게 된다. 우리 몸을 지탱해 주는 허리는 상체와 하체를 연결해주는 척추 12개, 요추 5개로 구성되어 있다. 허리의 병증이 발생하는 부위는 요추 5개의 추의 마디에서 시작되는데 이 부분은 허리를 지지해주고 상체와 하체를 연결하여 체중을 지탱해주는 중요한 역할을 하며 움직임이 심한 요추 4, 5번 부위에 병증이 많이 나타나는 것을 볼 수 있다.

허리 병증으로는 허리디스크, 척추관 협착 등이 있는데 심해지면 통증이 다리 부분까지 이어질 수 있다. 이를 치료할 수 있는 현대의학의 양의학적 방법은 척추의 돌출된 디스크를 잘라내거나 척추 사이를 고정시키는 수술 방법 등을 사용하게 되는데 이는 척추에 나타난 병증을 치료하는 대증 치료라 할 수 있다. 허리는 항상 움직이는 유기체인데 잘라내거나 고정시키게 되면 기능이 정상일 수 없고, 많은 비용과 재활 기간 등 고통이 수반되게 된다.

반면 대체의학은 발병 원인에 따른 치유방법이다. 척추에 디스크 증상이나 통증이 발생하는 이유는, 척추를 잡아주고 지탱해 주고 있는 허리 부분에 근위축근과 복직근의 부분적인 병변으로 이 부위 근육은 우리 몸이 바른 자세를 유지하지 못하거나 물리적인 충격을 받게 되면 근육세포가 긴장하여 굳어지게 되는 것이다. 굳어진 부위의 근육에는 피의 대사작용이 원활치 못하여 어혈군이 쌓이게 되고 움직임에 따라 통증이 발생하게 된다. 어혈이 쌓여 근육세포가 굳어짐에 따라 움직이면 통증이 심해져서 자세가 틀어지고 척추 부분인 관절 부위에 변형이 오게 된다. 변형된 척추 부위 근육은 혈액의 대사작용이 원활치 못하여 근육은 힘을 잃게 되고 굳어져서 척추를 잡아주는 기능이 약해져서 척추가 틀어지고 각종 허리병이 발생하게 된다.

대체의학의 치유방법은 어혈화된 근육 속에 어혈을 제거해주는 방법으로, 침술을 통하여 우리 몸에 자연치유 기능인 면역력을 극대화시켜서 쌓인 어혈을 흐트려 주거나, 자정요법으로 쌓인 어혈을 제거해주면 그 부위에 맑은 피가 흘러 근육이 다시 활성화된다. 따라서 근육의 기능이 살아나서 통증이 사라지고 근육에 힘이 생겨 척추를 바로 잡아주게 되어 척추의 병변이 치유되는 것이다.

무릎 병증도 걷는 자세가 바르지 않거나 무리한 운동 등으로 과부하가 걸리게 되면 통증이 발생하게 된다. 무릎 부위의 근육이 자극을 받아 긴장하여 굳어져서 혈액순환이 안 되고 그 부위에 혈액이 어혈화되어 쌓이게 된다. 어혈이 쌓이게 되면 그 부분에 골세포나 근육세포가 혈관의 모세혈관을 통하여 공급되는 산소와 영양소의 공급을 받고 배출하는 대사작용이 원활치 못하게 되는 것이다. 어혈로 인하여 모세혈관이 막혀서 골세포나 근육세포가 혈액을 공급받지 못하게 되면 골세포나 근육세포는 경직되어 소멸되어 가고, 무릎뼈 사이에서 완충 역할을 하는 연골이 손상되어 움직임에 따라 통증이 심하게 나타나게 된다.

현대의학의 무릎관절의 손상과 질환을 치료하는 방법으로는 통증 완화를 위해 약물치료, 연골 보호제나 연골 재생제 등의 약물을 사용하지만 만성화되어서 수술이 대세를 이루고 있는 게 현실이다.

대체의학의 무릎치유 방법은 무릎 부위에 쌓인 어혈을 제거하여 원인치유를 할 수 있다. 경증은 침술이나 기공치유로 경직된 부위에 어혈을 풀어주고 바른 자세를 유지하게 되면 혈액을 통하여 산소와 영양소를 공급받은 근육세포와 골세포가 활성화되어 건강해져서 통증이 사라지고 무릎의 기능이 정상화되게 된다. 그러나 무릎이나 허리 부분의 중증 병증이나 상처는 표준화된 현대의학의 도움을 받아 치료하는 것이 바람직한 일이라 할 것이다. 그 외 경증의 무릎이나 허리 병증에는 대체의학으로 치유하면 빠르게 건강을 회복할 수 있어 확실하게 건강도 지킬 수 있고 경제적인 부담도 줄일 수 있을 것이다.

07

마무리하며

나는 빠른 성공으로 누구에게 의지하지 않고 어디에 매이지도 않는 사업가로서의 삶을 살아서인지 언제나 자유롭고 긍정적인 사고를 한다.

이번 고려대 명강사 최고위과정 도전도 전남 광주에서 서울 고려대까지 오가며 수강하러 다니는 결심은 쉬운 일이 아니었다. 그러나 지금까지 내 가족과 나 자신을 지켜주었던 대체의학을 강의를 통해 대중들에게 알리고 싶었다. 현실로 다가온 호모 헌드레드(homo hundred) 시대에 건강 지킴이 강사로서 대중들과 의미 있는 삶을 함께하고 싶었다. 유병장수가 아닌 무병장수로 건강하게 살아가는 방법을 강의를 통해 전해야겠다는 꿈을 접을 수 없었기에 먼 길 마다하지 않고 택하게 되었다.

굴곡 없이 평안한 인생을 사는 사람은 없는 것 같다. 나도 예외는 아니어서 2년 전 화재사고로 심한 화상을 입고 재활하는 과정에서 대체의학을 하지 않았으면 지금처럼 정상적인 삶을 살 수 없었을 것이다.

현대의학은 좋아도 한계점이 있다. 화상으로 2달여 입원을 했음에도 손발의 화상 흉터, 손의 장애, 두통, 귀 울림 등 후유증은 그대로 남아서 내가 아는 대체의학으로 치료했다. 나 자신이 마루타가 되어 내 몸을 치유하여 지금은 사고 전보다 더 젊어 보인다고 한다. 실제로 몸의 기능이 더 좋아지고 없던 머리카락도 하나둘 나오는 것을 보면 사람이 늙는 것은 나이가 많아져서가 아니라 자신의 건강 관리 능력 여하에 달려 있다는 것이다.

우리 몸에 있는 약 60조 개가 넘는 세포는 내외부적 독소와 자극으로 세포 주위 조직이 활성화되지 못하여 손상되고 소멸되어 가는 것이다. 우리 몸에 있는 약 12만km에 달하는 혈관의 모세혈관이 어혈로 막히면 핏줄을 통하여 체세포에 산소와 영양소가 제대로 공급되지 못해서 세포가 죽어가고 어혈화되어 주름이 생기고 힘을 잃어가는 것이 늙는 것이다.

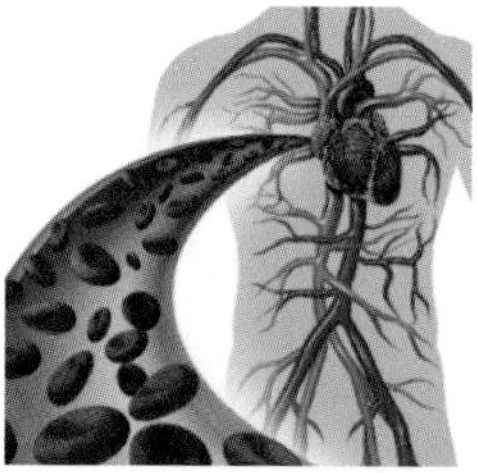

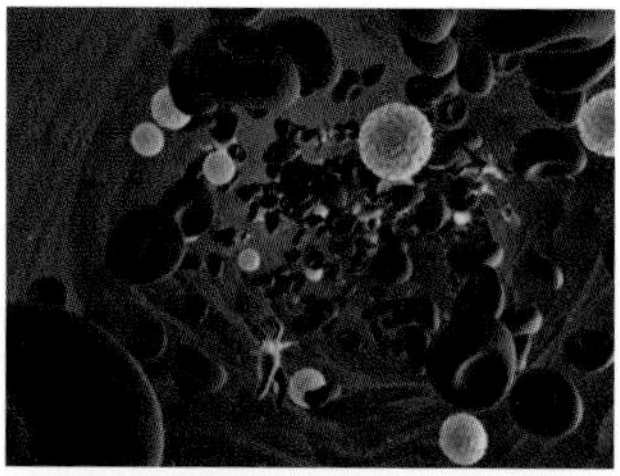

피가 맑으면 건강하고 탁하면 건강하지 않다

"피가 맑으면 건강하고, 탁하면 건강하지 않다."라는 말은 피는 생명을 유지하는 중요한 역할을 하는데 피가 맑아야 혈액순환이 원활해져서 건강을 지킬 수 있다는 것이다. 인체가 노화되어 가는 것은 어혈화된 세포가 모세혈관의 통로를 막아 영양소와 산소를 잘 공급받고 배출하는 체세포의 대사과정이 이뤄지지 않는 것이다. 인체의 혈액순환을 원활케 하기 위해서는 몸속에 독소를 쌓지 않고, 체세포와 연결된 근육을 운동 등을 통하여 움직여 주어야 한다. 우리 몸속의 가장 작은 혈관인 모세혈관의 주위 조직을 활성화시켜 모세혈관을 통해서 세포에 공급되는 피의 순환을 원활케 하고, 세포에 산소와 영양소를 잘 전달하고 회수하는 대사작용을 활성화시켜 주어야 하기 때문이다.

우리의 피를 탁하게 하여 건강을 해치는 주범인 약의 오남용 및 과다 복용, 일상의 잦은 스트레스, 무절제한 식생활, 인스턴트 식품 등은 혈액을 탁하게 하여 어혈을 만들고, 어혈은 피의 순환을 방해하며 우리 몸의 노화를 촉진시키고 온몸을 병들게 한다. 우리 민족의 전통의술이라 할 수 있는 대체의학은 침술, 뜸, 기공, 자정요법 등으로 기혈을 소통시켜서 건강을 회복시키고, 어혈을 제거하여 몸의 기능을 회복시키는 치유 방법이다. 내 몸에 독성을 남기지 않고 내 몸의 자연치유력인 면역력을 활용하여 건강을 지킬 수 있는 확실한 방법이라 할 수 있다.

이제 백세시대가 현실로 다가왔다. 우리는 건강하고 행복한 삶을 살아가는 방안을 강구해야 할 것이다. 그 한 방편으로 우리의 전통의학

요법인 대체의학을 양성화시켜서 보급해야 한다고 생각한다. 경제적인 부담이 적고 쉽게 배워서 자신과 가족들의 건강을 지킬 수 있는 대체의학을 체계적으로 연구하고 보급해야겠다고 생각했다. 이는 국민들의 건강을 지킬 수 있고 의료비 부담을 대폭 줄여줄 수 있는 방법이 되기도 한다.

대체의학 요법을 양성화시키게 되면 의료 인력 부족을 해소할 수 있는 방안이 되고, 일자리 창출 등의 효과로 국민 모두가 건강하고 행복한 노후를 즐기며 살아가는 복지국가로 거듭나는 계기가 될 것이다.

나의 대체의학 강의와 대체요법이 우리 모두의 건강을 지키고 행복한 삶을 살아갈 수 있는 방법이 되기를 바라면서 나에게 주신 재능과 열정을 선한 영향력으로 행사하면서 살고 싶다. 그리고 인생 2막을 준비하는 많은 시니어들에게 희망의 증거로 남고 싶다.

PART 10

나는 대한민국 안전문화 대통령이다

최인규

Mobile
010-8330-2354
Email
emtc123@naver.com

학력 및 경력사항

- 고려대 명강사 최고위과정 제17기 공저 회장 & 교육위원장
- 대한민국 소방관 30년
- 119구급대원 / 구급팀장 / 119안전센터장
- 충청소방학교 응급처치 외래 강사
- 중앙소방학교 응급처치 외래 교수 인력풀
- 현) 충청남도 태안소방서 태안119안전센터장
- 각계각층 대국민 안전교육(소소심) 30년

강의 분야

- 대국민 안전교육 소, 소, 심 / 소화기, 소화전, 심폐소생술
- 일상 응급처치 / 생체징후, 하임리히 법,
  각종 상처(손상) 및 삼각건 & 부목 적용 등
- 소방관의 불 이야기 / 불의 일반적 상식 및 안전의식 함양
- 화재 예방 안전관리 / 소화기 & 소화전 사용훈련 및 피난
- 반려동물 심폐소생술 및 교상 응급처치

자격 사항

- 응급구조사 1급
- 구급지도관
- 전문응급처치강사
- 소방안전강사
- 명강사명강의 1급
- 스피치지도사 1급
- 심리상담사 1급

수상 경력

- 국무총리표창
- 행정안전부장관표창
- 보건복지부장과표창
- 충청남도지사표창
- KBS119상
- 영광의 충남인상 등

저서

- 신이여, 나를 도우소서! / 오늘의 문학사(2002)
- 나는 대한민국 소방관이다 / 도서출판 두엄(2021)
- 명강사 25시(공저) / 나비의 활주로(2023)

01

프롤로그

소방관 1

새까만 연기가
문으로
창으로
물 샐 틈 찾아 흐른다

소란한 굉음이
마귀처럼 난무한다
지옥으로 들끓는다
갈라파고스의 아우성이
세상 밖을 놀라게 한다

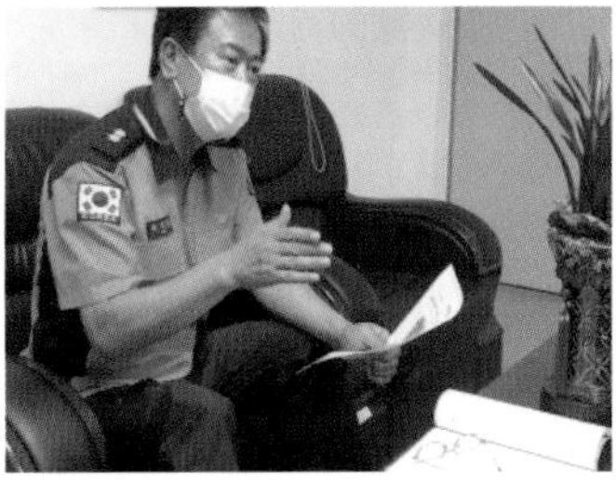

이슥고

몸으로 들어와

그의 입으로 흐른다

공중으로 흐른다

어떤 바람일까

어디서 온 바람일까

밤하늘 별에도

다가갈 수 있을까

02

이 땅의 소방관으로 살아가며

저만치 자리한 산딸나무가 지나는 사람의 시선을 모으는 때다. 꽃인 듯 이파리인 듯 언뜻거린다. 알고 보니 이로운 관상수 중 하나였다. 정원수로 사랑받고 가로수로 주목받으며 식용과 약용으로 쓰이니 그 효용이 나무랄 데 있을까. 신앙이 두텁고 성실한 우리 집 딸아이는 산딸나무를 무척 좋아한다. 꽃잎 모양이 넉 장인데 하얗게 피는 것이 순결함을 뽐낸다. 꽃의 모양은 마치 십자가와도 닮았다. 실제로 예수님이 십자가에 못 박혀 돌아가실 때 이 나무로 십자가를 만들었단다. 풀 한 포기 나

산딸나무

무 한 그루의 가치도 이와 같은데, 나는 사회의 일원으로 얼마만큼 의미 있는 존재로 자리하고 있을까? 어느 지점을 향해 달려가고 있을까?

얼마 전 직장에서 개인별 업무 역량을 적어낸 일이 있었다. 아마도 인사업무에 참고하거나 집단지성의 토대가 될 인적 구성원의 능력을 가늠해볼 요량일 터였다.

첫 번째로 적은 것은 현장 업무다. 현장 출동부서에서 25년 6개월을 근무했고 소방서 내근으로 4년여의 근무 기간을 적었다. 어느 분야보다 현장 경험을 중시하는 것이 소방관의 업무다. 많은 세월을 구급대원으로 일하면서 느낀 것은 다급한 순간에 가냘픈 외침과 위급한 순간에 부르는 저들의 소리에 응답하면서 함께 웃고 함께 운 시간일 것이다. 이런 경험을 토대로 겹겹이 점철된 시간 속에서 숱한 이들을 스승 삼아 오늘에 이르렀다. 나아가 자신의 사명을 통하여 의미와 가치를 더한 삶의 여정이었다.

두 번째로 적은 것은 업무에 활용하고 있는 자격에 관한 것이었다. '1급 응급구조사' 자격이다. 소방 조직에도 여러 분야가 있다. 예전이나 지금이나 늘 바삐 움직이는 부서는 119구급대다. 119구급대원이 되려면 대부분은 소방관 임용 전 관련 학과를 졸업하고 국가고시를 치러서 자격을 갖추어야 한다. 나는 그것을 틈틈이 노력한 끝에 혼자 힘으로 2년여 만에 취득했다. 나에게 가장 우수한 업무실적을 들라면 응급구조 업무일 것이다. 국민의 생명을 구하고 지켜내는 자랑스러운 업무이다. 생사를 가늠할 수 없는 절대 응급의 상황에서 내가 아니면, 나와 소방관 동료가 아니면 어찌할 수 없었던 수많은 이들의 생명 보전에 이바지한 장쾌의 업무이다.

절체절명의 상황 속에서 소방관 생활을 통해 얻은 교훈적 사례를 두 권의 저서에 담았다. 출간의 변으로, 이 책을 통하여 단 한 사람이라도 안전과 건강을 도모할 수 있다면 더는 바랄 나위가 없겠다고 했다. 모두가 나와 이웃을 위해 평안한 삶을 이룰 수 있도록 노력해야 할 부분이기에. 이는 국가가 나에게 맡긴 책무이며 시대적 소명이라 여겨지기도 했다. 그러니 천직일 것이다.

다사다난한 일과를 마치고 차분한 마음으로 지나온 하루를 돌아보는 저녁이다. 집 마당 한편에 있는 산딸나무를 본다. 어스름한 세상에 환한 빛 밝히며 가로등으로 자리한 저 같은 자태를 본다. 마당의 산딸나무는 늘 마음의 평화를 가져다준다. 어느 땐 맛있는 과일로, 내가 아플 때는 약용으로도 다가온다. 한 그루의 산딸나무가 이렇게 큰일을 하듯 국민의 안전을 지키고 생명을 구하는 나의 일은 소명처럼 느껴진다.

2023년은 30년 소방관의 삶을 마무리하고 영예로운 정년퇴직을 앞둔 해이다. 이제 현직에서 은퇴하더라도 내가 지닌 안전 마인드와 생명 지킴이에 대한 소중한 역량을 교육 현장에서 강의로 전할 것이다. 소방관 재직 중에 지속했던 대국민 안전교육 강사로서의 활동을 이어가려 한다. 대한민국 안전문화 리더로서 소방안전교육 강사로 활동하면서 안전 파수꾼으로서의 생명지킴이, 강하고 안전한 대한민국 번영에 일조할 것이다.

03

모두가 대한민국 소방관이라면
- 안전 강국 대한민국도 머지않기를

자고 일어나면 믿기지 않은 소식들로 의아할 때가 많은 요즈음이다. 하루하루가 신세계에 머무르는 듯한 일상의 연속이다. 한류korean wave 열풍은 마땅히 그 주인공이어야 할 우리의 이야기이다. 이런 우리의 이야기가 외신으로 전해질 때면 자랑스럽게 화들짝 놀라며 기뻐 어쩔 줄을 모를 때도 있다. 가요, 영화, 드라마 그리고 음식과 뷰티 등 대중문화의 파급을 넘어 어느 틈에 K-클래식과 K-방산으로 그 영역을 넓혀 가고 있다. 얼마나 자랑스러운 대한민국인가. 김구 선생님은 문화강국론에 대해서 말씀하셨다. "오직 한없이 가지고 싶은 것은 문화의 힘이다. 문화의 힘은 우리 자신을 행복하게 하고 나아가서 남에게도 행복을 주기 때문이다." 당시 일제 강점기에서 겨우 벗어난 혼란스러운 정국의 소용돌이 속에서도 김구 선생님은 문화 강국의 힘에 대해 국민에게 희망의 메시지를 전달하셨다. 칼보다도 강한 문화의 힘을 말씀하신

선생님의 통찰력에 감탄과 존경의 마음이 앞선다. 선생님의 바람과 희망이 열망이 되었을까. 세계에서 유일한 분단국가라는 현실과 국제 질서의 냉혹함 속에서도 우리의 문화, 문화 선진국이란 꽃과 열매가 알알이 결실을 거두고 있으니, 무한 감동과 자긍심으로 점철된 다음의 한류는 또 어느 분야가 될 것인가.

2022년 10월 29일 서울 용산구 이태원에서 진행된 핼러윈 축제 도중 압사 사고로 수많은 사상자가 발생했다. 나라 안팎이 큰 슬픔과 좌절에 휩싸였다. 이 같은 참상의 기억이 우리와 동떨어진 얘기라면 얼마나 좋았을까. 이것이 후진국 이야기라며 넘길 정도면 얼마나 좋았을까 싶은 사고였다. 한류는 강국인데 안전은 약국이었던 가슴 아픈 기억이었다.

안전은 평상시 국민의 교육과 훈련이 중요하다. 큰일이 일어나기 전에는 늘 작은 전조증상들이 있는 법이다. 많은 사람이 모인 곳에는 질서가 필요하고, 그들을 안내하는 안전요원들이 필요하다. 지극히도 당연한 상식인데 그 상식을 간과했기에 일어난 참사였다. 모든 문제의 해답은 바로 문제 안에 있다고 한다. 안전에 관한 것도 마찬가지다. 우리가 안고 있는 문제를 차분히 들여다보면 '안전 한국의 실현'이란 삶의 문제도 그리 난해한 일이 아니다.

1930년대 미국 보험 회사의 관리자였던 하인리히는 5,000여 건의 산업 재해를 분석한 결과를 토대로 이른바 '하인리히 법칙'을 주창했다. 그의 이론은 큰 사고가 일어나기 전에 반드시 유사한 작은 사고와 사전 징후가 선행한다는 경험적인 법칙이다. 이를 안전관리에 적용해 보자. 먼저 관련 매뉴얼에 따른 예방 교육이 필요하다. 이태원 참사도 결국 안전교육의 기본이 평소에 철저히 이루어지지 않은 탓이다. 좁고 경사진 골목으로 수많은 인파가 응집하면 사실상의 위험은 예견된 것이기도 하기에 미리 현장 대응책을 강구해야 했다. 관계 당국으로 연결된 신고 내용은 접수와 동시에 유관 기관에 전파되어 순발력 있게 대응해야 하고, 또한 소방관들의 출동이 더디지 않도록 교통이 방해되지 않도록 할 사회적 분위기도 필요하다. 작다고 여긴 설마 했던 안일함은 언제든 큰일로 이어질 수 있다. 우리나라는 지구상에서 작은 나라이지만 문화강국으로 세계에 위용을 떨치는 나라다. 오늘날 대한민국 문화강국의 위상처럼, 이 땅의 모든 교육 기관에서 생명 존중 의식 함양과 안전에 대한 기본 소양이 평상시 정규 교과로 행해지기를 소원한다.

11월 9일 소방의 날, "우리는 모두 명예 소방관이어야"

참혹한 현장을 떠맡는 게 일상인 이 땅의 소방관들이 있다. 밤낮없이 긴장과 불안의 끈에 매달려 외롭게 쓸쓸하게 자신과의 사투를 벌이는 저들이 있다. 대국민 소방안전 '소소심(소화기, 소화전, 심폐소생술)' 교육을 위해 기회를 엿보는 이들이다. 소화기 사용법을 익히며 불 관리의 중요성을 알고, 소화전의 위치와 기능을 돌아보며 내 가정 내 직장은 내가 지킨다는 안전의식과 함께, 심폐소생술을 배우고 익히는 게 곧 사랑이며 인류애의 실천이라는 점을 되새기는 일이야말로 소방에 대한 진정한 관심이며 성원이어야 힘을 얻어야겠다. 나아가 소방으로 향한 온 국민의 사정없는 채찍과 독려에 힘입어 세상에서 가장 믿음직한 소방으로 나아갈 수 있도록 안내자의 역할에도 충실해야 하겠다.

11월 9일은 소방의 날이다. 하여 매년 소방의 날에 즈음하여 일 년에 단 하루라도 우리 모두 명예 소방관이 되면 어떨지 제안하기로 한다. 이 역시 사후약방문이라 비난해도 좋다. 그것은 최후의 약방문이어야 할 것이며 김구 선생의 문화강국론이 찬란한 결실을 이루었듯 이제 우리도 안전문화의 창조자가 되어 그 대열에 함께해야 할 때다. 그리하여 안전한 한국 'K-safety'로 세계를 향해 거듭나길 소원해 본다. 모두가 대한민국 소방관이어야 하는 이유가 될 것이다.

학교 심폐소생술 교육(충남 태안군 남면 초, 중, 유치원-2023. 4. 28.)

04 나는 대한민국 안전문화 대통령이다 - 대국민 안전교육 소소심 (소화기, 소화전 & 심폐소생술)

소소심. 소심하기 이를 데 없어 붙인 이름이 아니니다. 어감이 어떨지 모르겠지만 그 용처와 효용을 생각하며 유사시 접목할 안전관리의 중요 수단으로 인식할 수 있어야 하겠다. 일상에서 발등의 불과 같이 위급한 순간을 맞닥뜨리면 기꺼이 소화기와 소화전, 그리고 심폐소생술이 그 해결책이다. 자신의 안위는 물론 이웃과 사회에 기여할 구성원의 기본 소양이 아닐까. 위급할 때 제일 먼저 119를 떠올리듯 이제 소방안전관리의 상식인 소소심에 대해 알아보자. 윤택한 삶의 기반이 될 것이다.

먼저 소화기는 평소 눈에 띄기 쉬운 곳에 놓인 것이어야 한다. 그렇지 않다면 급한 쓰임새가 생겨도 제때 사용하지 못할 수 있다. 기억하자. 소화기를 이용하여 불이 난 곳을 향해 (안전핀을) 뽑고, (손잡이를) 누르면 되는 사용법을. 전국의 소방서나 안전체험관 등에서 시뮬레이션을 통한 소화기 사용법을 직접 체험해 볼 수도 있다.

다음은 소화전이다. 아파트나 4층 이상의 큰 건물 대부분은 각층별로 옥내소화전이 설치되었다. 소화전 함의 호스를 불이 난 곳을 향해 늘이고 (밸브를) 열어라. 관창을 조작하면 (물이) 나올 것이다. 또한 산림과 인접한 마을이나 유인도서 등 소방차의 출동이 여의치 않은 곳에 자리한 호스 릴 소화전을 볼 수 있다. 누가 먼저랄 것 없이 앞서 언급한 옥내소화전의 사용법대로 유용하게 활용하면 된다.

그리고 심폐소생술이 있다. 심박동과 호흡이 정지된 환자에게 가해지는 즉각적인 응급처치 아니겠는가. 가슴 압박을 통하여 혈액을 순환시키고 인공호흡을 통하여 폐에 공기를 환기시키는 일련의 행위라 할 수 있다. 대낮의 도심 한복판에서 초등학교 4학년 어린이가 50대 성인 남성을 심폐소생술로 살렸다는 사실은 이제 옛이야기가 될 만큼 많은 사람이 응급처치에 관심을 둔다. 소방서에 문의해 인체 구조와 흡사한 실습 마네킹을 빌려 스스로 배워도 좋고 아이 손을 잡고 소방서에 들러 구급대원과 함께 심폐소생술 체험을 할 수도 있다. 실행의 여부가 문제다.

전 미합중국 대통령 지미 카터는 그의 취임 연설문에서, 우리는 변천하는 시대에 적응해 나가야 하지만 불변의 원칙들은 여전히 고수해야만 한다고 했다. 그 원칙론이란 게 뭐 별다를 게 있을까. 개인적 사고의 차이는 있겠지만 한 소방관이 받아들인 그의 메시지는 생명 존중의 의식이며, 애써 이룬 유산을 지키고 보호하는 일의 원칙이었다. 시대

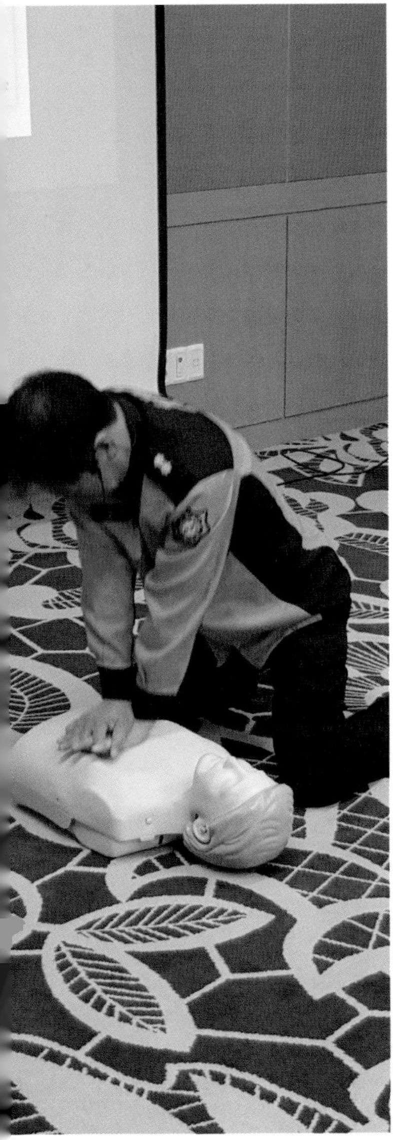

소화기 사용법

심폐소생술

소화전 교육 훈련

와 국경을 막론하고 인간 생활 불변의 요소다. 소소심의 생활화는 시대를 살아가는 우리 모두의 약속이어야 한다. 바로 인류애로 향한 실천일 것이다.

05

소방관의 "불" 이야기

불의 발생을 위해서는 불에 타는 물질과 불을 붙이는 점화원, 그리고 산소가 필요하다. 소방관들이 긴급히 향하는 곳이 어디인지 알 수는 없어도 그곳은 분명, 이 삼박자가 고루 갖추어진 장소라 생각해도 무방하다. 흔히 말하는 연소의 3요소 가운데 어느 것 하나라도 빠지면 불은 만들어질 수 없기 때문이다. 불에 타는 물질은 여러 가지를 들 수 있지만 성질과 상태에 따라 나누어 볼 수 있다. 연탄이나 나무, 종이, 숯 등에서부터 석유나 휘발유, 알코올 등과 같은 기름 물질, 그리고 천연가스나 프로판가스 등에 이르기까지 헤아릴 수 없이 많으며, 일반적으로 고체보다는 액체가, 액체보다는 기체가 더 잘 연소한다고 볼 수 있다. 그런데 문제는 이 같은 연소물이 특별한 경우가 아니고는 한곳에 복합적으로 존재한다는 데에 있다. 화재가 발생한 상황에서 분초를 다투어 진화하는 노력을 기울이지 않는다면 여러 물질이 상호보완적으로 연소의 활성화에 기여하여 시간의 흐름과 함께 걷잡을 수 없이 타오르거나 주변으로의 연소 확대를 피할 수 없다.

옥내에서 가구류나 섬유류 등에 불이 붙었을 때는 옷이나 이불에 물을 적셔 덮는 것이 진화에 효과적이다. 산소 공급을 차단하기 때문이다. 전기와 더불어 가스로 인한 화재도 적지 않은데, 가스가 새어 집 안 가득히 차 있어도 불이 없으면 폭발이 일어나지 않는다. 가스 냄새가 심할 경우 신속하게 환기를 시키고 라이터, 가스레인지 등 점화원이 될 수 있을 불의 사용을 삼가야 한다. 화재 발생 시 불에 직접적으로 피해를 보는 경우는 생각보다 많지 않다. 오히려 연기로 인한 질식 사고가 훨씬 빈번하게 일어난다. 제한된 공간에 유독가스와 연기가 차면서 호흡기와 신경계에 치명적인 손상을 주기 때문에 구조대가 도착할 때까지 비교적 온전한 상태를 유지하려면 손수건이나 옷가지에 물을 묻혀 호흡기를 보호하고 낮은 자세를 유지해야 한다. 연기는 반드시 위로 올라가기 때문에 가능하다면 바닥에 엎드리는 것이 가장 안전하며 그 상태로 적절한 피난 방법을 모색해야 한다.

날씨와 발화 원인, 인화성 물질 등의 변수는 있겠지만, 목조건물은 불이 난 지 5분에서 10분, 내화구조 건축물은 한 시간 전, 후에 그 불길이 최고조에 이른다. 화재의 최성기에 달해 거침없이 타오르는 불길은 보는 사람의 넋을 잃게 한다. 재산상의 손실은 물론 내 가족, 내 이웃의 인명마저 빼앗는 악령이기 때문이다. 아무리 불구경, 싸움 구경이 세상 제일가는 구경이라지만 이쯤 되면 모여든 사람들도 안타까움에 어쩔 줄 모를 것이며 불과의 사투를 벌이는 소방관들의 모습도 재미로만 와닿지는 않을 것이다. 현장에 출동하여 화재를 진화하는 소방관들의 모습을 볼 때 가끔은 불도 없는 허공에 물을 뿌리는 경우를 본 적이 있을 것이다. 그것을 보는 대부분의 사람들은 왜 아까운 물을 허공에 뿌려 낭비할까 생각할 수 있겠지만 소방관의 이 같은 행동엔 나름의 이유가 있다. 화재 상공의 대기는 화재의 열기로 매우 높은 상태를 띠기 때문에 그 위에 물을 뿌리면 고온에 의해 뿌려진 물이 기화하고 기화하는 물은 최고 1,600배가량 팽창하게 된다. 이렇게 팽창하여 불길 주변을 질식시키고 불의 기세를 누그러뜨리는 화재진압의 한 방편으로 허공에 물을 뿌리는 것이다.

또 이상한 점은 소방관들은 화재 현장에서 지붕의 기와를 뜯거나 창문을 깨는 등의 행동을 하고 때로는 벽 자체를 허물기도 한다. 거기에도 여러 이유가 있다. 소방관의 진입과 물 뿌릴 공간을 확보하기 위해서다. 그보다 더 중요한 것은 바로 배연 활동이다. 쉽게 얘기하면 연기의 배출이 가장 중요한 이유이며 여기서 나오는 것이 '플래시오버flashover'라고 하는 화재 현상이다. 적절한 배연이 되지 않은 상태에서 폭발성 가스가 실내에 차면 인화점 이상의 온도를 만나 순간적으로 폭발하는 것이 플래시오버 현상이다. 이 현상은 화재의 성장기라 할 수 있을 화재 발생 5~10분 안에 대부분 발생한다. 이 때문에 소방관들이 가장 먼저 하는 진압 활동이 창문을 깨는 등의 배연 활동이라고 할 수 있다. 또 하나의 이유는 공기의 주입 때문. 여기에 등장하는 것이 '백 드래프트

back draft' 현상이다. 소방관의 활약상을 담은 영화 〈분노의 역류〉의 영문 제목으로도 잘 알려져 있다. 영화 속에서 아무런 생각 없이 문을 열었는데 순간적으로 '쾅' 하고 폭발하는 것으로 묘사되는 장면이다. 공기가 없는 상태에서의 불길이 갑작스러운 공기 유입 방향으로 폭발하듯 번지는 현상이다. 때문에, 이런 현상을 방지하기 위해 창문을 깨서 공기를 주입시킨다. 플래시오버, 백 드래프트 현상을 직접적으로 체험한 소방관은 거의 없다고 한다. 이를 두고 '소방관 살해 현상'이라고도 얘기하는 것은 그만큼 생명을 부지할 수 없을 정도로 위험하기 때문이다.

상황실의 출동지령에 때를 맞춰 소방관들은 오늘도 부랴부랴 소방차에 몸을 싣는다. '부랴부랴'는 매우 급하게 서두르는 모양을 이르는 말이다. 불났을 때 다급히 외치는 '불이야, 불이야'가 소리 나는 대로 변한 것이라 하겠다. 불로 인한 재앙이며 재난인 화재火災는 번개 등에 의한 자연발화, 논두렁이나 쓰레기 등을 태우다가 실수로 내는 실화失火, 목적을 가지고 일부러 놓는 방화放火로 일어난다. 재災. 불에 불꽃이 이글거린다. 사람들이 불을 얼마나 무서워했는지 짐작하게 하는 대목이 아닐까.

흔히 소방消防의 의미를 '불이 났을 때 불을 끄는 일'로 이해하고 있다. 하지만 '불이 나지 않도록 미리 막는 일'이라는 개념 또한 내포돼 있다. 화재는 예방이 최선이다. 화기火器를 사용하는 곳에 소화기를 비치하는 것은 기본이다. 화기를 정기적으로 점검하고 안전히 다루는 일 또한 중요하다.

불꽃처럼 살아갈 우리들의 이야기

한시라도 우리 생활에 없어서는 안 될 소중한 불이기에 어쩌면 너와 나의 세상살이도 불을 닮고 있는 것은 아닌지 모르겠다. 한 점 불의 씨앗으로 세상에 나와 다독이고 부채질하면서 그 불길 왕성히 피워 오르게 하고 있으니. 괄목할 만한 업적을 남기거나 자신을 희생한 사람을 일컬어 우리는 불꽃처럼 살다 간 인생이라고 한다. 밝게 타오르면서 뜨거운 불길로 스스로를 태우는 불의 속성을 빌린 탓이리라. 끓어오르는 마음속 화를 억누르지 못한 채 씻을 수 없는 과오를 저지르고 후회하는 삶을 사는 사람은 또 없을 것인가. 해가 저물어 사방이 어두워지면 불빛이 하나, 둘 반짝이기 시작한다. 가로등 하나가 지친 영혼을 위해 따스한 불빛으로 감싸는 저녁이다. 눈에 드는 불이건 마음속에 이는 불이건 간에 그것이 제어할 수 없을 정도로 타오르거나 돌이킬 수 없을 화를 자초하도록 방치하지 말아야 할 일이다. 불조심을 하자는 것은 불 관리를 잘하자는 의미와 다름이 아니다.

06

에필로그

소방관 5

먼 길 더듬은

봄날이

그의 품으로

돌아가는 날

양간지풍 등살에

돌풍 휘몰아

세상이 어지러운데

저 산 등줄기

산불이라네

조용히

살포시

그냥 갈 수 없었을까

꽃바람 안고 자리했을 때, 나는 너를 끔찍이 사모하였다. 애틋한 그녀가 내게로 온 듯 기뻐하였다. 하늘아, 바람아, 세월아, 바라오니

행복은 vivace로

인생의 슬픔은

adagio로 오라 하시라

외롭고 적적한

애증의 인생길에

PART 11

창경궁 명정전에서 영조대왕을 마주하다

홍왕기

Mobile
010-4090-6130
Email
hwkey1228@naver.com

학력 및 경력사항

- 고려대 명강사 최고위과정 17기 홍보부회장
- 고려대학교 법학과 졸업 및 同 경영대학원 수료
- KB국민은행 (27년 근속)
- 삼성생명 법인사업부 (3년 근속)
- 국민권익위원회 청렴연수원 등록 청렴교육 전문강사
- 금융감독원 인증 금융교육 전문강사
- (사)전국퇴직금융인협회 금융교육강사
- (사)안중근의사숭모회 안중근홍보대사

강의 분야

- 반부패 청렴교육 (청탁금지법, 부패방지법, 이해충돌방지법 등)
- 금융경제교육 (청소년, 금융취약계층 대상)
- 궁궐해설교육 (궁궐, 종묘)

자격 사항

- 청렴교육 전문강사 (국민권익위원회 청렴연수원 등록)
- 금융교육 전문강사 (금융감독원 인증)
- 명강의 명강사 1급(한국상담협회)
- 인성지도사 1급(한국상담협회)
- 기업교육강사 1급(한국교육강사연합회)
- 평생교육강사 1급(한국교육강사연합회)
- 금융해설사 (전국퇴직금융인협회)
- 영업점 Compliance Officer (한국금융연수원)
- 신용관리사 (신용정보협회)
- 문화유산체험학습지도사 (궁궐문화원)

수상 경력

- KB금융그룹 회장 표창 및 KB국민은행 은행장 표창 다수

저서

- 명강사 25시(공저)

01

창경궁 명정전에서 영조대왕을 마주하다

영조의 발자취가 가득한 궁궐 창경궁

영조는 조선시대 국왕 중 묘호廟號 뒤에 大王의 타이틀이 붙는 몇 안 되는 성군으로 불린다. 조선 후기 르네상스를 이끈 영조와 정조 치세의 문화 부흥은 국사 시간을 통해 우리에겐 무척 친숙한 내용이다. 영조는 군주로서는 성군의 반열에 올랐으나, 한 인간으로서의 영조 이금李昑이 현대의 史家로부터 호의적인 평가를 받고 있는지는 의문이다. 이런 영조의 발자취가 가장 많았던 궁궐이 창경궁인데 이는『조선왕조실록』에서도 그 근거를 찾을 수 있다. 창경궁의 정전인 명정전은『조선왕조실록』에서 총 545회가 언급되었으며 이 중 40%인 214회가 영조 대에 집중되어 있다.

슬픈 근대사를 간직한 몰락 군주의 놀이터

창경궁은 조선 성종 14년(1484년)에 대비 3명이 거처하는 생활공간으로 지어진 궁궐이다. 임진왜란 때 소실되었다가 광해군 8년(1616년) 재건 후 법궁法宮인 창덕궁의 이궁離宮으로서의 지위를 300여 년 동안 유지하고 있었다. 그러나 1907년 순종 황제 즉위 후 일제는 황제를 경복궁에서 창덕궁으로 강제로 이어移御[1]시킨 후 황제를 위로한다는 명목으로 창경궁의 전각 대부분을 뜯어내고 그 자리에 동식물원을 개원 후 "창경원"으로 개칭하였다. 창경원은 몰락한 옛 군주의 놀이터였을 뿐 아니라, 당시 일반 국민 누구나 출입이 가능한 최초의 시민공원이었다. 결국 창경궁은 현재 남아 있는 조선의 5대 궁궐 중 일제의 폭압과 유린이 가장 심한 굴욕스러운 역사를 가진 궁궐이다. 이런 굴욕의 역사는 해방 이후에도 계속되다가 1983년 동식물원이 이전하고 옛 전각들이 복원되면서 1986년 창경궁으로 환원되었다.

창경원과 관련된 숨은 일화 하나. 당초 창경원 개원을 주도한 인물은 이토 히로부미 초대 통감인데 개원을 5일 앞두고 안중근 의사에게 암살당하여 개원식에 참석하지 못했다고 한다. 악행의 업보가 아닐까….

아버지께서 서울로 직장을 옮기시면서 우리 가족이 서울로 함께 이사 온 지도 벌써 50년이 넘었다. 70년대 초 우리 어린 남매들이 서울로

---

1 **이어(移御)** 임금이 거처하는 곳을 옮김.

이사를 오면서 아버지를 졸라 가장 먼저 놀러 간 곳이 바로 "창경원". 시골 촌뜨기에게는 당시 흑백 TV로 처음 접한 창경원 동물원이며, 케이블카, 벚꽃놀이가 그렇게 부러운 구경거리가 아닐 수 없었다. 처음 보는 동물 구경에 미아 신세도 여러 번. 부모님을 꽤 애타게 했던 기억이 새롭다.

창경궁은 최고의 힐링 포인트

이제 창경궁의 정문인 홍화문弘化門을 통해 명정전까지 들어가 보자. 『조선왕조실록』에 의하면 영조는 홍화문 앞에서 백성들을 모아놓고 수차 여론을 청취하였다고 기록하고 있다. 말 그대로 시대를 앞서간 성군의 애민 정신이 깃든 곳이 아닐 수 없다. 홍화문을 들어서면 5대 궁궐의 금천교 중 유일하게 현재까지도 자연수가 흐르는 옥천교를 맞이한다. 2개의 홍예虹蜺[2]로 떠받쳐진 옥천교를 건너 명정전의 정문인 명정문을 지나면 명정전에 이르게 된다. 창경궁은 법궁이 아닌 이궁인 까닭에 홍화문에서 명정전에 이르는 외전外殿 영역이 매우 작다.

명정전, 명정문, 홍화문은 임란으로 소실 후 1616년 중건된 이래 한 번도 소실되지 않은 채 400여 년 동안 옛 모습을 갖추고 있어 서울 5대 궁궐 중 가장 오랜 역사를 가지고 있는 대문과 정전正殿으로 모두 국보, 보물로 지정되어 있다.

---

2 홍예(虹蜺) 양쪽 끝은 처지고 가운데는 높여서 무지개 모양으로 반쯤 둥글게 만든 문.

옥천교부터 명정문을 지나 명정전까지는 삼도三道로 이어지는데, 삼도의 가운뎃길은 어도御道, 동쪽은 문관이 다니는 길, 서쪽은 무관이 다니는 길이다. 300여 년 전 태어났다면 나도 삼도를 걷지 않았을까 하는 행복한(?) 상상을 하면서 문관의 길을 걸어 명정전 앞마당에 이르렀다. 박석이 깔린 명정전 앞마당 조정朝廷에는 품계석이 세워져 있는데, 창덕궁과 창경궁을 그린 동궐도東闕圖나 각종 사료에 의하면 창경궁 명정전 조정에는 품계석이 없는 것으로 기록되어 있어 아마도 해방 이후에 세워진 것으로 추정한다.

서울의 모든 궁궐에서는 한복 착용자의 무료 관람이 가능하다 보니 명정전 앞 너른 마당朝廷에는 평일임에도 불구하고 고궁의 여유를 즐기려는 젊은 처자들이 저마다 영롱한 오방색五方色[3]한복으로 성장盛裝하고 삼삼오오 몰려다니면서 휴대폰 셀카에 맞춰 깔깔대는데 그 소리까지 무척이나 정겹다.

봉황이 새겨진 답도踏道를 지나 월대月臺에 오르니 회랑으로 둘러싸인 명정전의 전경이 한 폭의 그림처럼 다가온다. 조선 전기의 대학자 서거정이 작명했다는 명정전明政殿은 "정사를 밝게 다스린다."는 의미를 가지고 있는 창경궁의 정전이다. 정면 5칸, 측면 3칸의 단층 팔작지붕 건물로 다른 궁궐의 정전과 달리 그 규모가 작을 뿐 아니라 편전인 문정전文政殿 및 서재인 숭문당崇文堂과 복도 각으로 연결되어 있다. 홍화문

---

3 오방색(五方色) 오행의 각 기운과 직결된 청(靑), 적(赤), 황(黃), 백(白), 흑(黑)의 다섯 가지 기본색.

에서 명정전에 이르는 창경궁의 외전 영역은 다른 궁궐들과 달리 동향東向으로 배치되어 현재는 서울대학교 의과대학 앞 병원과 찻길을 사이에 두고 서로 마주하고 있다.

일부 암 환자들 사이에 떠돌던 우스갯소리가 있다. 암 환자의 생존율이 가장 높은 병원은? 바로 서울대 암병원이란다. 서울대 암병원 옥상에서는 창경궁 내외전의 전각들과 회랑 그리고 숲이 만들어내는 그림 같은 전경이 한눈에 조망되기 때문에 환자들에게는 최고의 힐링 장소라고 한다. 서울대병원 홍보 동영상에 창경궁의 아름다운 전경을 자랑하고 있음은 물론이다.

명정전 전각 안을 들여다보자. 천장에 매달린 금박의 봉황 두 마리는 살아 움직일 것 같고, 전돌이 깔린 바닥 위로 어좌와 일월오봉도는 국왕의 위엄을 보여주는 듯 당당함이 배어 있다. 그리고 꽃살 창문 창살의 화려함은 조선 왕실 여인네의 우아한 기품을 보여주는 듯하다. 아쉬운 것은 명정전 외부 단청이 많이 훼손되어 있는데, 장차 단청작업을 거칠 것이라 하니 명정전의 화려한 옛 모습을 하루바삐 되찾기를 바란다.

영조 66세에 명정전에서 가례를 올리다

영조는 첫 번째 정비 정성왕후貞聖王后가 죽은 지 2년 후인 영조 35년(1759년) 66세의 나이에 15세의 정순왕후貞純王后 김 씨와 창경궁 명정전에서 가례를 올렸다. 무려 50년이 넘는 나이 차이. 영조와 계비 정순왕후의 가례와 관련하여 야사에 전하는 일화가 있다.

영조는 계비를 선택하는 삼간택三揀擇[4]의 자리에 나갔다. 쉽게 표현하자면 새신부를 선택하는 최종 심사 자리에 신랑 본인이 심사위원으로 직접 참여한 셈이다. 신부 아버지의 이름을 적어놓은 방석을 두고 그 위에 신부가 앉게 했다. 모든 규수가 아버지의 이름이 적힌 방석에 앉았으나 정순왕후만 방석 옆으로 앉았다. 영조가 그 이유를 묻자 정순왕후는 "아버지의 이름이 적혀있어 앉을 수 없다."고 했다. 영조가 신부들에게 물었다 "이 세상에서 가장 깊은 것이 무엇이냐?" 다른 규수들은 "산이 깊다.", "물이 깊다."고 했다. 정순왕후는 "사람의 마음이 가장 깊습니다. 그 이유는 측량이 어렵기 때문입니다."라고 대답했다. 다시 영조가 "꽃 중에 무슨 꽃이 가장 예쁘냐?" 하고 물었다. 다른 규수들은 모란꽃, 매화꽃 등을 이야기했으나 정순왕후의 대답은 달랐다. "목화꽃입니다." 영조가 그 이유를 묻자 정순왕후는 "다른 꽃은 잠깐 아름다움에 그치지만, 목화는 솜을 만들어 많은 사람을 따뜻하게 하기 때문입니다."라고 대답했다.

정순왕후는 순조 즉위 후 대왕대비로서 3년여간 수렴청정하면서 여자 군주라 불릴 만큼 강력한 권력으로 국정을 쥐락펴락했다. 철의 여인은 어려서부터 뭐가 달라도 달랐다.

---

4 삼간택(三揀擇) 임금이나 세자(世子)·세손(世孫)의 배우자를 세 번에 걸쳐 고르는 일. 초간택, 재간택을 거쳐 뽑힌 3명의 후보를 대상으로 마지막 1명을 뽑는 과정이다.

400년 여인의 궁궐에서 젊은 아내를 만나다

창경궁은 주로 왕비와 왕대비를 위시한 내명부內命婦[5] 여인네들의 생활공간이었기 때문에 여러 왕과 왕세자가 탄생한 곳이자 왕비와 대비가 생을 마감한 곳이기도 하다. 또한 창경궁은 숙종의 총애를 받은 장희빈이 사약을 받고, 사도세자가 뒤주에 갇혀 비극적 죽음을 맞이한 슬픈 역사를 간직한 궁궐이다. 영조가 균역법 시행을 위해 직접 여론을 청취한 애민의 궁궐이고, 정조와 모친 혜경궁 홍씨의 애틋한 효심이 흐르는 궁궐이다.

명정전 회랑을 한 바퀴 돌아 나오다가 회랑 남쪽 협문 사이로 보이는 회랑 밖 정원의 소나무 숲을 보고 아차차!! 나는 오랜 기간 잊고 있었던 옛 추억을 떠올렸다. 그곳은 내가 30년 전 초겨울 아내와 백년해로를 약속한 날, 마지막 야외 웨딩 촬영을 한 곳이 아니었던가? 거기서 나는 영하에 가까운 추운 날, 발그레한 두 볼을 연신 비벼대며 촬영 중인 젊은 아내를 다시 만났다.

---

5 내명부(內命婦) 조선시대 품계를 받고 궁중에서 봉직한 여관(女官)의 총칭. 정1품부터 종4품까지는 왕의 후궁층으로 내관(內官)이라 하고, 정5품부터 종9품까지는 상궁층으로 궁관(宮官)이라 하였다.

창경궁 명정전

창경궁 함인정

웨딩사진

02

'갑질'을 '갑질'이라 말하지 못하는 사회는 건강할 수 없다

'갑질'공화국

'갑질'은 강자인 '갑甲'이 약자인 '을乙'에게 행하는 부당한 행위를 통칭하는 용어다. 본래는 계약서상 우열이 없는 수평관계의 계약당사자 '갑'과 '을'을 지칭하는 용어였다. 그런데 언제부터인지 계약당사자 중 우위에 있는 쪽이 대부분 '갑'이 되면서, 행위를 지칭하는 '~질'을 붙여 부정적 의미의 '갑질'이라는 말이 탄생했다. '갑질'이라는 용어가 언제 처음 생겼는지는 정확지 않으나, 대체로 2012년경부터 언론에 '갑질'이라는 단어가 생겨나기 시작했다고 한다.

우리 국민들에게 '갑질'이라는 단어의 의미를 가장 강하게 각인시켜준 사건은 아무래도 2014년 모 항공사 오너의 딸이 행한 '땅콩 회항' 사건일 듯싶다. 재벌 3세이자 오너의 딸이 부사장이라는 직급에 기반한 권위와 위계질서를 이용해 말도 안 되는 사소한 이유를 들어 직원들에게 폭언, 폭행으로 횡포를 부렸다. 거기에 더해 몇 년 후에는 그 딸의 모친이자 오너의 처가 운전기사에 대한 상습 갑질과 폭력 및 악행으로 다시 국민적 공분을 불러일으켰다. 급기야는 전무인 막내딸까지 회의 도중 광고대행사 직원에게 고함치고 물을 뿌리는 엽기적 행위를 저지르면서 이 항공사 재벌 일가의 갑질 DNA가 사회적으로 큰 이슈가 된 적이 있다. 이뿐만이 아니다. 2015년 모 IT기업 회장의 퇴직 직원 구타 폭행 및 직원들에 대한 엽기적 행위 강요, 2017년 모 제약회사 회장의 운전기사에 대한 폭언과 폭행, 2018년 모 신문사 사주 손녀의 운전기사에 대한 폭언 및 협박….

갑질은 이제 대기업 재벌가 같은 특정 권력 계층의 전유물만이 아니라는 데에 그 심각성은 더해진다. 최근 언론을 떠들썩하게 했던 사건으로, 폭언 및 폭행으로 아파트 경비원을 극단적 선택에 이르게 한 어느 아파트 입주민의 갑질, 과도한 물품의 납품을 강요하고 이를 수용하지 않으면 영업상의 불이익을 주겠다는 협박으로 대리점주를 극단적 선택에 이르게 한 대기업 영업 사원의 갑질, 지나치게 과도한 주문조건을 걸고 그 조건이 온전히 충족되지 못하면 배달 음식점 사장에게 항의 전화와 함께 별점 테러 및 악플 리뷰로 보복하는 악질 고객의 갑질까지….

이제 우리 사회는 누구나 가해자인 '갑'도 될 수 있고, 피해자인 '을'도 될 수 있는 이른바 갑질 공화국으로 변질해 가는 느낌이다.

'갑질'의 속성은 '권력 우위'다. 오너든 대기업이든, 직장 상사든, 소비

자든 권력이 있다고 여길 때 갑질을 한다. 이런 연유로 갑질은 특정한 이의 전유물이 아니다. 최근엔 온라인 백과사전 'Wikipedia'가 우리말 '갑질'을 영어 신조어 'Gapjil'로 표기하며 한국 사회의 병폐 중 하나로 지적할 만큼 우리 사회의 '갑질'은 심각한 상황이다.

'갑질'의 개념 및 판단 기준

국무조정실에서 발간한 '공공분야 갑질 근절을 위한 가이드라인'(이하 '가이드라인'이라고 함)에 의하면 '갑질'은 "사회·경제적 관계에서 우월적 지위에 있는 사람이 권한을 남용하거나, 우월한 지위에서 비롯되는 사실상의 영향력을 행사하여 상대방에게 행하는 부당한 요구나 처우를 의미한다."고 정의한다.

'가해자'는 갑질을 행하는 사람, '피해자'는 갑질 피해를 입은 사람을 의미한다.

이러한 사회현상을 반영하여 2019년 1월 근로기준법상 '직장 내 괴롭힘의 금지(제76조의2)' 조항의 신설로, 그리고 공무원 행동강령에는 2018년 12월 '직무권한 등을 행사한 부당 행위의 금지(제13조의3)' 조항의 신설로 각각 '갑질'에 대한 구체적인 제재 기준 및 근거가 갖추어지기 시작했다. 위 가이드라인에 따르면 '갑질'은 관련 법규, 당시 상황(공개된 장소 여부, 근무 시간 여부, 대안 없는 불가피한 행위 여부, 업무 내용, 그간 당사자와의 관계 등), 공사公私의 구분, 인권 존중 원칙과 공동체 의식 등을 종합적으로 고려하여 판단해야 한다고 한다.

'직장 내 괴롭힘'이란 직장 내 '갑질'

'직장 내 괴롭힘'이란 "사용자 또는 근로자가 직장에서의 지위 또는 관계 등의 우위를 이용하여 적정범위를 넘어 다른 근로자에게 신체적·정신적 고통을 주거나 근무 환경을 악화시키는 행위"를 말한다(근로기준법 제76조의 2).

'직장 내 괴롭힘'은 행위 장소가 반드시 사업장 內일 필요 없이 외근·출장지나 회식 또는 기업행사 장소, 사적 공간(온라인 포함)이 모두 해당한다. 행위요건으로는 ①직장에서의 지위 또는 관계 등의 우위성을 이용할 것, ②업무상 적정범위를 넘어서는 행위일 것, ③신체적·정신적 고통을 주거나 근무 환경을 악화시켰을 것, 이 세 가지 요건을 모두 충족해야 한다. 근로기준법상 '직장 내 괴롭힘'의 적용 대상은 상시 근로자 수 5인 이상의 사업장에 근무하는 근로자에게만 적용된다. 공무원은 근로기준법상 '직장 내 괴롭힘' 규정이 직접 적용되지 않고, '국가공무원법', '공무원 행동강령' 등이 우선 적용된다.

사례로 보는 갑질의 유형

갑질의 유형은 ①법령 등 위반 ②사적이익 요구 ③부당한 인사 ④비인격적 대우 ⑤기관 이기주의 ⑥업무 불이익 ⑦부당한 민원 응대 ⑧기타 유형 등이 있다. 다음에서 각 유형별 사례를 살펴보자.

사례1: 계약 담당자 A는 특정 사업자 B에 유리한 내용으로 내부 평가 규정을 임의로 변경하여 해당 사업자가 낙찰받도록 하였다(법령 등

위반 유형).

사례2: 공무원 A는 자녀 결혼을 앞두고 기업인 등 직무관련자 여러 명에게 자신의 직위가 인쇄된 청첩장을 발송하였다(사적이익 요구 유형).

사례3: 기관장 A는 인사과장 B에게 본인의 고교 동창 아들의 인턴 채용을 지시하고, B는 해당자의 면접점수를 높게 조작하여 채용하였다(부당한 인사 유형).

사례4: 경리과장 A는 임신한 여직원 B에게 결재 시 "배불뚝이가 잔머리만 굴린다"라거나 정시 퇴근하는 B에게 "땡순이"라는 등의 발언을 하였다(비인격적 대우 유형).

사례5: 공무원 A는 사업계획서에 반영되지 않은 워크숍 개최 비용을 사업수행 주관 기관에 전가하였다(기관 이기주의 유형).

사례6: 팀장 A는 팀원의 휴가 기간 및 퇴근 시간 이후 휴대폰을 통해 수시로 업무 지시를 하였다(업무 불이익 유형).

사례7: 민원실 직원 A는 금품을 초과 지급 받은 고객이 당일 과지급금을 돌려주기 위해 사무실을 방문하였음에도, 과지급금 회수처리 결정을 미루어 고객으로 하여금 재방문하게 하였다(부당한 민원 응대 유형).

갑질 행위에 대한 주체별 대응 및 피해자 보호

기관장은 그 기관의 감사·감찰 부서 내에 갑질 근절 전담 직원을 지정하고, '갑질 피해 신고·지원센터'를 설치 운영해야 한다. '갑질' 발생 시 갑질 행위 피해자나 사건관계인은 그 사실을 '전담 직원 또는 센터에 신고 또는 제보'하고, 신고·제보 등을 받은 전담 직원은 그 사실을 조사하여 '기관장에게 보고'해야 한다. 또한 기관장은 '신고자 또는 피해자의 개인정보 보호'를 위한 조치를 해야 한다. 조사 결과 갑질이 확인된 경우 기관장은 가해자에 대한 '징계 조치'를 하고, 신고·제보 내용이 중대 범죄 성립의 소지가 있는 경우에는 '수사기관에 수사 의뢰 조치'를 할 수 있다.

피해자는 피해 사실을 '전담 직원 또는 센터에 신고 또는 상담 신청' 할 수 있다. 피해자는 심리적 안정을 위해 소속기관에 '가해자와 분리되어 업무를 수행할 수 있도록 요청'할 수 있고, 필요한 경우 소속기관에 '심리치료 또는 법률지원을 요청'할 수 있다. 기관장은 갑질 피해자, 신고자에 대하여 불리한 처우를 해서는 안 되며, 가해자 또는 제3자에 의한 '2차 피해 방지'를 위해 노력해야 한다. 기관장은 피해자가 가해자와 분리를 요청하거나, 심리치료 또는 법률지원을 요청할 경우 적절한 조치를 해야 한다.

'갑질'을 '갑질'이라 말할 수 있어야 건강한 사회

'직장 내 괴롭힘 규정'이 시행된 이후 2년 5개월간(19. 7.~21. 11.) 고용노동부에 접수된 '직장 내 괴롭힘' 신고 건수는 17,342건에 달한다. 유형별로는 폭언이 35.7%로 가장 많고 부당 인사 조치(15.5%), 험담·따돌림(11.5%) 순이었다. 전체 접수사건 중 개선 지도가 이뤄진 사건은 23.9%에 불과하고, 검찰 송치가 이뤄진 사건은 겨우 1.2%에 불과했다.

신고된 사건 10건 중 7건 이상이 단순 취하 또는 법 적용 미대상으로 행정 종결되고 있는 것이다.

직장갑질119의 2021년 6월 조사에 따르면 지난 1년간 직장 내 괴롭힘을 경험한 피해 직장인은 전체 응답자의 33%에 달하고, 갑질 피해자 중 68.4%는 참거나 모른 척했다고 한다. 참거나 모른 척한 이유로 '대응해도 상황이 나아질 것 같지 않아서(62.3%)', '인사상 불이익이 있을 것 같아서(27.2%)'로 응답하였다. 법 시행이 2년 이상 지났음에도 우리 사회의 직장 내 '갑질'에 대한 문제 인식 및 개선 의지는 큰 변화가 없음을 보여주고 있다.

'갑질'은 최근 들어 더욱 다양한 형태로 진화하고 있다. 청년 미취업자 또는 비정규직원들의 절박한 상황을 악용한 '열정페이형', 자영업자를 상대로 꼬투리를 잡아 맘카페·앱 등에 악성 리뷰나 댓글을 남기는 '악플테러형' 등이 그것이다.

2019년 1월 개정된 근로기준법 '직장 내 괴롭힘' 규정은 아직 몇 가지 문제점이 남아 있다. 첫째, 5인 미만 사업장, 특수고용노동자, 간접고용 노동자, 플랫폼노동자 등에는 적용이 안 된다. 둘째, 제3자(아파트입주민, 고객·소비자 등)에 의한 괴롭힘으로부터 노동자 보호가 안 된다. 셋째, 가해자에 대한 처벌 규정이 없다는 점 등이 한계로 지적되고 있다.

'갑질'은 우리나라에만 존재하는 현상은 아니다. 그러나 '갑질'은 조직구성원 간의 불신을 증대시키고, 조직의 발전 및 역동성을 저해시키는 주요 요인이다. 국가인권위원회에서도 2020년 7월 노동부 장관에

출처 게티이미지뱅크

게 직장 내 괴롭힘 예방과 피해노동자 보호를 위한 제도개선을 권고한 바 있다. 한국은 여전히 군대, 유교, 가부장적 문화 같은 수직적 조직문화로 갑질이 쉽게 근절되기는 어려운 현실이지만, '갑질'을 '갑질'이라고 말할 수 없는 사회는 결코 건강한 사회가 될 수 없다.

참고문헌

1. 국무조정실, 공공분야 갑질 근절을 위한 가이드라인, 2019. 2.
2. 직장갑질119 및 (재)공공상생연대기금, 갑질 감수성 지표 및 직장 내 괴롭힘 조사, 2021. 6.
3. 국가인권위원회, [보도자료] 인권위 "직장 내 괴롭힘 적용 범위 넓히고 처벌 규정 있어야", 2020. 7. 9.
4. 유선희, 한겨레칼럼 [유레카] '프로 갑질러' 유형 탐구, 2023. 1. 10.

03

전세 사기, 누구나 피해자가 될 수 있다

'깡통전세'는 사회적 재난의 출발이다

최근 수년간 전셋값이 급등했지만 2021년 말부터 집값 하락에 따른 거래절벽이 이어지면서 주택매매가격이 주택담보대출과 전셋값을 합친 금액과 비슷하거나 이보다 낮은 이른바 '깡통주택'이 늘어나고 있다. 이런 '깡통주택'을 이용한 무리한 '갭투자'는 최근 급격한 금리 인상과 맞물려 '깡통전세'를 양산하고 있어 커다란 사회문제가 되고 있다. 통상적으로 주택담보 대출 금액과 전세금을 합한 금액이 집값의 70%를 넘어서면 '깡통전세'로 본다. 더욱 심각한 문제는 '인천 미추홀구 2,700채 건축왕 남모 씨', '수도권 1,139채 빌라 왕 김모 씨' 등의 사례처럼 부동산 분양대행업체 및 공인중개사들과 공모한 조직범죄형 악질 전세 사기가 오랜 기간 횡행하고 있었다는 사실이다. '깡통전세' 피해자 중에는 청년, 신혼부부 등 경제적 여유가 없는 사람들이 많은데 피해자 3명이 최근 극단적인 선택을 하는 등 사회적 재난에 가까운 상황에 이르자, 정부도 '전세 사기 피해자 지원을 위한 특별법' 제정을 추진하는 등 바삐 움직이고 있다.

전세 사기의 수법 및 유형

조직범죄형 전세 사기의 수법은 크게 '이중계약'과 '깡통전세' 2가지 유형이 있다.

첫째, '이중계약'은 중개인과 임대인이 짜고 치는 사기이므로 사실상 피하기가 어렵다. 중개인이 임대인과 짜고 하나의 빌라를 가지고 여러 명의 임차인과 계약을 한 뒤 계약금만 챙기고 도망가는 것이므로, 피해를 최소화하기 위해서는 계약체결 후 즉시 주민센터에서 '확정일자 부여 현황'을 열람하는 것이 좋다.

둘째, 최근 사회적으로 문제가 되는 '깡통전세'이다. '깡통전세' 사기의 실행 방법을 정리하면 다음과 같다.

건축주가 제시한 전세가보다 높은 가격에 전세가 책정 ⇨ 중개인은 고객 유인 후 분양대행업체로부터 리베이트 수수 ⇨ 분양대행사는 임대차계약 완료 후 건축주에게 일정 금액 지급 후 차익 챙김 ⇨ 기존 건축주는 명의를 타인(바지사장)에게 이전하는 방식이다.

전세 사기 물건이 대부분 연립, 다세대, 다가구, 오피스텔 형태인 것은 이런 물건들은 아파트와 달리 정확한 거래 가격을 알 수 없기 때문이다.

전세 계약 시 단계별 중요 '체크' 사항

가. 계약 체결 전 유의 사항

부동산정보 사이트 또는 복수의 중개업소 등을 방문하여 반드시 적정 시세를 확인하고 매매가 대비 전세가 비율이 높은 물건은 피하자. 전세보증금보다 선순위의 채권이나 보증금이 있을 경우 유의하자. 특히 다가구주택의 경우 '전입세대 열람명세' 및 '확정일자 부여 현황'을 꼭 확인하자. 계약 전에는 세무서(국세)와 주민센터(지방세)에서 임대인의 동의를 얻어 세금 체납 여부의 확인이 가능하고, 계약 후에는 임대인의 동의 없이도 열람이 가능하다.

나. 계약 체결 시 유의 사항

임대인 본인이나 위임받은 대리인 여부를 꼭 확인하자. 공인중개사가 미등록, 업무정지 중인 중개업소인지 꼭 확인하자. 계약서는 주택임대차 표준계약서로 작성하자. '임차인이 전입신고 및 확정일자 받기 전까지 임대인이 대출받으면 계약은 무효'라는 특약을 계약서에 추가 기재해 달라고 요청하자.

다. 계약 체결 후 유의 사항

계약체결 후 30일 이내에 주민센터에 '주택임대차계약'을 신고하자(방문 또는 온라인 신고).

라. 잔금 지급 시 유의 사항

계약 체결 이후 등기부등본상 권리관계 변동사항이 없는지 잔금 지급 전 꼭 확인해보자.

마. 이사 후 유의 사항

전입 후 14일 이내에 관할 주민센터에 방문 또는 온라인으로 전입 신고하자(전입신고 익일에 대항력이 발생하므로 빠를수록 좋다). 전세보증금 반환 사고 발생에 대비하여 전세보증금반환 보증보험에 가입하자.

전세보증금의 안전한 회수를 위해 기억해 둘 만한 실무 사례

사례 1

- 회사원 A는 전세 입주를 원하는 연립주택의 부동산등기부 등본을 열람한 결과 채권최고액 2억 원의 은행 근저당이 설정되어 있었다.
- 집주인 B는 "해당 근저당권의 대출은 대부분 갚아 대출잔액이 2천만 원에 불과하다"면서 은행에서 당일 발행한 '대출잔액 증명'을 보여주어, 안심하고 전세 계약을 체결하였다.
- 1년 후 해당 연립주택은 B의 대출금 연체로 경매 진행되었고, 선순위 저당권자인 은행은 미회수채권 2억 원을 청구하여, 세입자 A는 대부분의 임차보증금을 회수하지 못하였다.

사례1 중요 포인트 설명 ⇨ 근저당권의 채권최고액

근저당은 특정채무를 담보하는 일반저당과 달리 장래 증감 변동하는 불특정 채무를 채권최고액 한도 내에서 담보한다. 따라서 세입자 A와 집주인 B가 전세 계약 체결 당시에는 실채권액이 2천만 원이었다 하더라도, 사례와 같이 전세 계약 이후 추가 대출받은 경우 해당 대출금도 근저당권의 피담보채무에 포함된다. 따라서 이 경우 세입자 A는 전세 계약 시 집주인 B에게 '채권최고액 감액등기'를 요청했어야 한다.

사례 2

> • 서울 본사에서 지방으로 발령이 난 회사원 C는 집주인의 대출금 연체로 살고 있는 전셋 집이 경매로 넘어갔다.
> • C는 1순위 저당권자인 은행에 이어 2순위였고, 배당요구까지 한 상황이라 권리 분석상 보증금 전액의 회수가 가능했다.
> • C는 배당요구 종기일까지만 대항요건을 구비하면 이후 주민등록을 이전해도 보증금 회수에 아무런 문제가 없다는 전문가의 말을 믿고 배당요구 종기일이 지나자마자 주민등록을 지방으로 이전했다.
> • 그런데 경매가 개시된 후 집주인이 대출금을 다 갚았고, 이에 경매가 취하되었다.
> • C는 급히 원래 전셋집으로 전입신고를 다시 했지만, 이제 그의 임차권은 다른 권리들보다 후순위가 되어 다시 그 집이 경매 실행된다면 보증금을 회수하지 못할 위험에 처한다.

사례2 중요 포인트 설명 ⇨ 대항력의 유지 기간

부동산경매 시 경매 취하 가능 기간은 최고가 매수인이 매각대금을 납부하기 전까지이다. 주민등록은 한번 전출하면 대항력은 상실되고 다시 그 주소로 주민등록을 이전하였다면 재전입한 때로부터 새로운 대항력이 발생한다. 따라서 이 사례의 경우 C는 '경매매각대금 납부'를 확인할 때까지 주민등록을 이전하지 말았어야 한다.

전세 사기 피해자에 대한 지원 및 전세 사기 예방대책

주택도시보증공사HUG의 전세보증금 반환 보증사고 건수 및 사고금액이 5년 전인 2018년에 비해 2022년 10배가 넘게 증가하였다. 올해 말까지 전세 계약이 끝나는 빌라 10채 중 7채는 세입자가 보증금을 제대로 받지 못할 것이라는 조사 결과가 나왔다. 전세 수요보다 공급이 많아 전세 가격이 떨어지면서 집주인이 세입자에게 보증금을 돌려주기 어려운 '역逆전세' 대란의 시한폭탄이 올 하반기 전국 곳곳에서 터질 것으로 예상된다. 더구나 올해 2023년 1~4월 중 전국 아파트 전세 계약의 47%가 '역전세' 현상을 보이고 있고, 올 하반기에는 지방 아파트까지 역전세난의 뇌관이 될 것이란 우려가 커지고 있다.

다행히 2023년 6월 1일부터 시행에 들어간 2년 한시적 성격의 특별법인 '전세 사기 피해자 지원특별법'으로 피해자에 대한 지원을 시작했다. 그렇지만 지원 대상 자격요건이나 지원내용 및 범위에 있어서는 피해자들의 기대를 충족시키기 위한 추가 보완사항이 요구된다. 아울러 전세 사기 예방 대책의 일환으로 국토교통부에서 2023년 5월 31일부터 '안심 전세 앱2.0' 서비스를 출시함으로써 전국 아파트 및 빌라·오피스텔 등의 시세정보, 집주인의 보증사고 이력 및 세금 체납 정보, 악성 임대인 명단(2023년 말부터 공개 예정) 등의 정보를 제공하고 있다. 전세 사기 예방의 핵심은 집주인과 세입자 간 정보의 비대칭성 해소에 있는 만큼 정보 제공에 있어서 사각지대가 없도록 앱 서비스의 지속적인 업그레이드가 요구된다.

전세 사기를 예방하기 위해서는 장차 법적·행정적 제도 개선도 뒤따라야 할 것인데, ①부동산등기부등본에 부동산 소유주의 세금 체납정보 표기 의무화, ②미국 등에서 이용 중인 에스크로Escrow 제도의 도입, ③전입신고 확정일 당일부터 우선변제권 발생, ④전세보증보험 100% 가입 의무화 등을 검토해 볼 수 있다. 또한 전세 사기범 같은 경제사범에 대해서는 양형기준을 고쳐 형량을 대폭 올리는 등 전세 사기 피해를 '사회적 재난'으로 간주하고 대처해야 할 때이다.

1905
고려대학교
평생교육원
고려대학교
명강사 최고

고려대학교 평생교육원
고려대 명강사 최고위과정 17기
2023. 3. 27 ~ 2023. 7. 22
KOREA
고려대학교
祝

고려대학교
명강사 최고위과정

고려대학교
명강사 최고위과정

공저출판교육

고려대학교 평생교육원
고려대 명강사 최고위과정 17기
KOREA

명강사의 필수조건 '책 쓰기'

명강사 25시
명강사 25시
명강사 25시
2018
명강사 25시
명강사 25시
명강사 25시
세상을 향해 꿈을 품다
고려대 명강사 최고위과정 12기
고려대 명강사 최고위과정 13기
고려대 명강사 최고위과정 14기
큰 이야기
고려대 명강사

4차 산업시대의 명강사

명강의: 새로운 미래가치를 창출(Create)하고 지속(Sustain)하라
위과정 17기

인공지능 대 혁명의 시대
인문학으로 배우는 명강의 기획
위과정 17기
고려대학교
명강사최고위과

고려대학교 평생교육원
고려대 명강사 최고위과정 17기
KOREA UNIVERSITY

육원
위과정 17기
. 7. 22
블로그 사용설명서
BLOG, HOW TO USE

고려대학교 평생교육원
KOREA UNIVERSITY
고려대 명강사 최고위과정 17기
2023. 3. 27 ~ 2023. 7. 22

멀티미디어 기능으로
역동적 프리젠테이션 하기
육원
위과정 17기
. 7. 22

감동시키는 강의하기
효과적인 교수설계
육원
위과정 17기
7. 22

KOREA UNIVERSITY
고려대학교 평생교육원
고려대 명강사 최고위과정 17기
2023. 3. 27 ~
7. 22
고려대명강사최고위 17기
2023.05.22 조관일.최영선 교수님과

고려대학교 평생교육원
고려대 명강사 최고위과정 17기
KOREA
UNIVERSITY

고려대학교 평생교육원
고려대 명강사 최고위과정 17기
KOREA
2023. 3. 27 ~ 2023. 7. 22

소통과 화합의 시간

고려대명강사최고위과정 17기
명강사의 소통과 화합,
그리고 출발

고려대 명강사 최고위과정 17기
2023. 3. 27 ~ 2023. 7. 22

육원
위과정 17
멘토 모시기
(한분씩 선택)

고려대
명강사

최고위과정 17기

1판 1쇄 펴낸날 2023년 07월 26일

지은이 김유진, 김혜진, 남옥, 박준순, 서리아, 이명숙, 이재영, 장명옥, 최용종, 최인규, 홍왕기
펴낸이 나성원
펴낸곳 나비의활주로

책임편집 김정웅
디자인 BIG WAVE

주소 서울시 성북구 아리랑로19길 86
전화 070-7643-7272
팩스 02-6499-0595
전자우편 butterflyrun@naver.com
출판등록 제2010-000138호
상표등록 제40-1362154호
ISBN 979-11-93110-08-9 03320